Bio-Gärtnern

Das Grüner-Daumen-Konzept

MARIANNE
SCHEU-HELGERT

blv

Was Sie in diesem Buch finden

1 x 1 des Bio-Gärtnerns
Die Basics

Der Garten ist ein ganz persönlicher Lebens- und Erholungsraum für Sie und Ihre Familie. Hier können Sie im Kleinen dazu beitragen, die natürlichen Lebensgrundlagen für spätere Generationen zu erhalten. Biogärtnern schont Ressourcen ahmt die natürlichen Stoffkreisläufe weitgehend nach und erhält vor allem den Boden in seiner natürlichen Fruchtbarkeit. Und ganz nebenbei wird Ihr Garten zum Lebensraum für eine Vielzahl von unterschiedlichen Pflanzen und Tieren.

Gärtnern schont die Umwelt

Immer mehr Menschen spüren, dass sie den Bezug zu ihrem Essen, ihrer Lebensgrundlage verlieren, und versuchen daher, zumindest einen Teil der Nahrung selbst anzubauen. Gärtnern verbindet Generationen, man lernt nicht nur selbst die Zusammenhänge der Natur kennen, sondern kann sie den eigenen Kindern oder Enkeln weitergeben. Eine reiche Ernte ist nicht selbstverständlich. Während man die Pflege selbst in der Hand hat, ist ein Teil des Erfolgs auch immer vom Wetter abhängig. Trotzdem lohnt sich die Mühe, denn das Gefühl, selbst angebautes Obst und Gemüse zu ernten und zu essen, lässt sich nicht mit Worten beschreiben.

Der eigene Anbau erspart der Umwelt viel CO_2, verursacht von Lagerung und Transport der Produkte. 1 kg Tomaten aus dem eigenen Garten, die wir von Juli bis Dezember verzehren, verursachen mit ca. 100 g nur geringste CO_2-Emissionen. Aus Spanien eingeführte schon etwa 1 kg, und in Deutschland sehr zeitig im Frühjahr mit hohem Heizaufwand angebaute das Doppelte! Bei Äpfeln ist es ähnlich: eigene Äpfel verursachen keine nennenswerte CO_2-Emission, deutsche Äpfel in der Hauptsaison je kg 250 g, im Frühjahr nach aufwändiger Lagerung 450 g, etwa ebenso viel wie Äpfel aus Neuseeland. Die Produktion von 1 kg Tomaten zum Verkauf im März verursacht so viel CO_2-Ausstoß wie eine Autofahrt über eine Strecke von 15 km.

Wer einen Garten hat, fährt nach statistischen Erkenntnissen seltener mit dem Auto in die Umgebung und spart der Umwelt auf diese Weise ebenfalls zusätzliche CO_2-Belastungen.

Gärtnern im Einklang mit der Natur

Gärten mussten der Natur schon immer abgerungen werden. In früheren Zeiten »umgürteten« Flechtzäune ein Stück Land zum Schutz vor Wild und Weidetieren. Die Bezeichnung »Garten« leitet sich von diesem Begriff, dem »Umgürten« ab.

Geerntet werden seit über Tausend Jahren neben Kräutern, Gemüse und Obst auch Blumen. Besonders prächtige Besonders prächtige Blüten benötigte man als Altarschmuck. Daher kultivierte man bald besonders ausgesuchte Arten und Sorten lieber im Garten. Das Wort Kultur umfasste schon für die Römer die damals in hohem Ansehen stehende Landarbeit und auch den religiösen Bereich. Wer einen Garten und eine Bibliothek hat, dem fehlt nichts mehr zum Glück, meinte bereits Cicero. Bis heute senkt ein Gang in den Garten nachweislich erhöhten Blutdruck!

Der moderne Bio-Gärtner klinkt sich heute in seinem Streben in die Naturabläufe ein. Er nutzt natürliche Prozesse für seine Zwecke und arbeitet nicht mühsam, mit hohem Aufwand an Material und Zeit, gegen die Natur, sondern passt seine Ziele an die Möglichkeiten und seinen Standort so weit es geht an. Die Natur wird so zumindest ein Stück weit vom Gegner zum Partner.

Das meiste Obst und Gemüse wird heute weitab vom Verbraucher, oft in anderen Ländern, angebaut. Es wird in normierten Verpackungen über Tausende von Kilometern transportiert, und ein immer größerer Teil wird am Ende entweder noch im Laden oder beim Verbraucher weggeworfen! Ist in einer Sechserpackung Äpfel nur einer beschädigt oder hat einen kleinen Faulfleck, wird die ganze Packung »entsorgt«, weil sich das Umverpacken nicht rentiert.

1. Gärtnern verbindet Generationen. Kinder genießen den Freiraum im Garten der Eltern oder Großeltern.

2. Junge Eltern können an ihre Erfahrungen im Garten der Eltern oder Großeltern anknüpfen.

3. Eigenes Obst und Gemüse aus dem Garten erspart der Umwelt große Mengen an CO_2.

4. Kaufen Sie Obst und Gemüse während der Haupt-Erntesaison. Dann schmeckt es am besten.

Die 10 wichtigsten Bio-Regeln

Biologisches Gärtnern ist für Profibetriebe in der EU-Ökoverordnung genau geregelt. Noch etwas strenger sind die Richtlinien, nach denen Gartenerzeugnisse unter dem Label von Bioland, Demeter oder Naturland auf den Markt kommen. Orientieren Sie sich im eigenen Garten an diesen Vorgaben, dann gärtnern Sie sicher »bio«.

Regel 1

Naturnahe Pflanzenschutzmittel verwenden

Meiden Sie synthetisch hergestellte, in der Natur nicht vorkommende Pflanzenschutzmittel. Im Anhang der Ökoverordnung sind als Pflanzenschutzmittel zugelassene Stoffe aufgelistet, wie z. B. Kaliseife gegen Insekten.

Regel 2

Leguminosen holen Stickstoff aus der Luft

An Ihren Wurzeln gewinnen Knöllchenbakterien (Rhizobien) pflanzenverfügbaren Stickstoff für sich, ihre Wirtspflanze und später für den Boden. Zu den Leguminosen gehören die Gemüsearten Erbsen oder Bohnen sowie die Gründüngungspflanzen Ackerbohnen, Sommererbsen oder Wicken (Bild 2). Die Rhizobien befallen die Wurzeln zunächst wie ein Krankheitserreger, die Wurzel bildet kleine, knöllchenartige Wucherungen, in denen sich die Bakterien vermehren, und dann beginnt die »Arbeitsphase« des Zweiergespannes aus Pflanze und Bakterium.

2

Regel 3

Lösliche Stickstoffdünger meiden

Als Stickstoffdünger werden nur pflanzliche oder tierische Produkte verwendet, wasserlösliche muss man meiden. Lediglich natürlich abgebaute Stoffe wie Kalisalze oder Phosphate sind – wenn nötig – zugelassen. Stickstoff ist besonders wichtig im Gemüsegarten. Allerdings begrenzen die deutschen Anbauverbände die Zufuhr auf höchstens 11 g/m², das entspricht z. B. 90 g Hornmehl (Bild 3). Der Zukauf von Hornmehl sollte gesenkt werden durch den Einsatz von selbst erzeugtem Kompost.

Regel 4

Mulchen zur Bodenpflege

Bedeckter Boden hilft Bodenlebewesen, die Beete locker und fruchtbar zu halten. Mulchen verhindert unnötiges Austrocknen des Bodens.

Regel 5

Standortgerechte Pflanzenauswahl

Für jeden Garten gibt es eine Auswahl an Pflanzen, die dort besonders gut gedeihen. Oft hilft ein Blick in die Nachbargärten. Solche Arten brauchen dann auch nur vergleichsweise wenig Unterstützung von unserer Seite. Sie bereiten am meisten Freude und Erfolg im Garten. Vor allem können Sie sich Experimente mit umständlich anzurührenden »Stärkungsmitteln« oder »Pflanzenvitaminen« sparen. Mit einer Grundbepflanzung passender Arten haben Sie immer noch die Möglichkeit, mit exotischen Gewächsen oder anfälligen Wunschpflanzen zu experimentieren, die Ihre volle Aufmerksamkeit benötigen (Bild 5 rechts).

Regel 6

Robuste Sorten wählen

Manche Gartengewächse haben kaum Probleme mit Schaderregern. Von vielen Kulturpflanzen sind durch Züchtung und Auslese im Lauf der Jahrhunderte besonders widerstandsfähige Sorten entstanden (Bild 6). So gibt es heute Rosensorten in allen Farben und Formen, die praktisch keinen Sternrußtau mehr bekommen, mehltaufeste Gurken und schorfarme Äpfel sind im Bio-Garten Standard.

Regel 7

Schädlinge fernhalten

Nicht nur Bio-Gärtner halten zahlreiche Schadinsekten wie Raupen oder Lauchmotten mit Hilfe von Kulturschutznetzen (Maschenweite 1,35 mm) von Kohl, Möhren und Lauch fern (Bild 7). Spezialversender verschicken feinmaschige Netze mit 0,8 mm, die besonders gut gegen kleine Schädlinge wie den Erdfloh an Radies und Rukola, Blattläuse und Weiße Fliege an Kohl helfen. Die Netze müssen von Anfang an und rand-dicht aufgelegt werden. Schneckenzäune lassen Salat ohne Löcher heranwachsen.

Regel 8

Nützlinge einspannen

Unsere Gärten sind voller Lebewesen, die uns unterstützen. Der Verzicht auf chemische Pflanzenschutzmittel hilft ihnen ungemein. Noch besser helfen sie uns, wenn man sie mit einfachen Mitteln mit Nahrung und Unterschlupfmöglichkeiten versorgt. Die Blüten von Dillgewächsen und Korbblütlern dienen vielen Blattlausfeinden als Lebensgrundlage. In hohlen Stängeln oder dicken Laubschichten überwintern blattlausvertilgende Marienkäfer und raupenfressende Laufkäfer. Blüten- und Fruchtgehölze

bieten Nahrung und Heimat für Singvögel, die sich ganz nebenbei über Raupen, Maden und Blattläuse hermachen.

Regel 9

Vom Garten lernen heißt vorbeugen

Nur wer die natürlichen Abläufe im Garten kennt und versteht, kann sie für seine Zwecke nutzen. Wer die Lieblingspflanzen der Schnecken kennt, kann sie besser schützen, z. B. indem er sie erst später im Jahr auspflanzt. Den Befallsbeginn bei Spinnmilben übersieht man leicht. Wer die Lieblingspflanzen kennt und auch den Wärmebedarf der Spinnmilben, wird bei trocken-heißer Witterung seine Gurken besonders genau beobachten. Vorbeugende Maßnahmen wie das Befeuchten der Umgebung machen nur Sinn, solange sich die Schädlinge noch nicht allzu breit gemacht haben. Sind die Blattunterseiten erst einmal völlig übersät mit den winzigen Krabblern, sind die Pflanzen oft bereits zu stark geschädigt.

Regel 10

Ressourcen schonen

Die wichtigste Ressource beim Gärtnern ist der Boden. Eine sorgfältige Humuspflege hält ihn lebendig, Grünabfälle sorgen für Nährstoffnachschub. Dem Boden dürfen keine Schadstoffe zugeführt werden. Mit Hilfsmitteln geht man sparsam um. Das gilt für Düngemittel, Gießwasser (Bild 10) und andere Bodenverbesserungsmittel. Dünger wird so wenig wie möglich zugekauft, vielmehr nutzt man nährstoffreiche Erntereste, Küchenabfälle, Rasenschnitt, Falllaub oder Schnittgut wieder im eigenen Garten, direkt oder über die Kompostierung. Wer mit Vlies und Netzen sorgsam umgeht, kann diese aus Erdöl hergestellten Kunststoffe viele Jahre wiederverwenden und lange nutzen.

Ein gesunder Boden ist die Grundlage
Lebenswelt Boden

Der Boden unter unseren Füßen ist nicht nur eine Ansammlung von Steinchen, Ton und Humus. Die Grundlage unserer Existenz ist vielmehr ein Wunder ineinander greifender Lebensprozesse, ein eigener Kosmos, der immer noch viele Geheimnisse birgt. Diesen können Sie im eigenen Garten nachspüren und hautnah erleben.

Bodenarten

Die Bodenart ist abhängig vom Ausgangs-gestein, aus dem sich nach jahrtausende langen Verwitterungs- und Bodenbildungs-abläufen teils eher sandige oder eher lehmig-tonige Böden entwickeln.

Sandige Böden sind luftig, man kann sie gleich nach Regenfällen wieder bearbeiten, sie kleben nicht am Schuhwerk. Sie speichern aber auch wenig Wasser und Nährstoffe für die Pflanzen.

Tonige Böden speichern mehr Wasser und viel mehr Nährstoffe, man kann sie jedoch erst im abgetrockneten Zustand bearbeiten. Aus dem feuchtem Bodenmaterial toniger Böden kann man bleistiftdünne Rollen formen. Am frucht-barsten sind Böden mit etwas Sand und etwas Lehm. Wenn die Erde nicht am Arbeitsgerät festklebt, ist der Boden bereit zur Bearbeitung.

Humus in der obersten Bodenschicht Die natürliche Bodenschichtung kann man z. B. bei Baumaßnahmen in Buchenwäldern sehen. Obenauf liegt eine Laubschicht, darunter folgt eine dünne Schicht dunklen Oberbodens, und noch tiefer der humusarme Unterboden, der dann allmählich in steinige Schichten übergeht. Wo der Boden bewirtschaftet wird, entwickelt sich bis Pflugtiefe oder Spatentiefe ein humoser Oberboden, darunter verbleibt der hellere Unterboden. Ein hoher Humusgehalt, erkennbar an der dunklen Farbe, ist bei allen Böden wünschenswert. Humus speichert zusätzlich Nährstoffe und Wasser, stabilisiert lockeren Boden und sorgt allein durch seine Farbe für eine schnellere Bodenerwärmung im Frühjahr.

Mit dem Boden leben und arbeiten

Der Oberboden lebt Wichtigste Mikroorganismen im Boden sind Bakterien, Strahlenpilze und Pilze, die insgesamt bis zu 2 kg Biomasse pro Quadratmeter ausmachen. Regenwürmer bringen zusätzlich etwa 300 g, andere Tiere nochmals 50 g pro Quadratmeter auf die Waage.

Diese Mikroorganismen zerlegen Reststoffe in ihre Bestandteile und schaffen den Grundstoff für Humus, Insekten und Würmer leisten die Vorarbeit dazu. Eine Bodenbearbeitung lüftet den Boden, dadurch verstärkt sich der Abbau von Reststoffen und die Freisetzung von Nährstoffen, aber auch der Abbau von vorhandenem Humus. Bearbeitete Böden mit Gemüse oder Sommerblumen brauchen daher immer wieder Nachschub an organischer Substanz, Grünmasse, Kompost oder auch, so wie früher, Stallmist.

Eine Bodenuntersuchung gibt Aufschluss

Den Ölstand im Auto sehen wir nicht, aber wir können ihn messen. Welche Mengen der Pflanzennährstoffe Stickstoff, Phosphor, Kalium, Magnesium oder Kalzium der Gartenboden bereithält, ist ebenfalls nicht auf den ersten Blick erkennbar, wir können dies jedoch mit Hilfe einer Bodenuntersuchung herausfinden. Um nichts dem Zufall zu überlassen, entnimmt man an ca. 10 Stellen eine spatentiefe Probe, mischt das Ganze gut durch und schickt 500 g davon an ein Bodenlabor mit der Bitte um eine zusätzliche Düngeberatung z. B. für Gemüse. Die Bodenprobe sollte immer nur einen gleichartig genutzten Gartenteil umfassen. Mischt man Proben aus Rasen, Obstgarten und Gemüsebeeten, trifft das Ergebnis am Ende für keinen der Bereiche zu.

1. Nitratstickstoff selbst bestimmen: 100 g der Bodenprobe mit 100 ml destilliertem Wasser mischen.
2. Die Spitze eines Kaffeefilters in die Brühe drücken, bis sich im Inneren klares Filtrat zeigt.
3. Das Filtrat toniger Böden bleibt oft trüb, dann hilft ein feineres Filterpapier aus der Apotheke.
4. Messstäbchen (Merckoquant Nitrat-Test) ins Filtrat tauchen, nach 1 min an der Farbskala der Packung den Messwert ablesen.
5. $1/_{10}$ des Ablesewertes ergibt die Nitratstickstoffmenge je m² (der Ablesewert 150 entspricht 15 g/m²).

Den Boden pflegen und erhalten

Naturnahe Stauden- und Gehölzpflanzungen brauchen keine Bodenpflege, sie versorgen sich wie in der Natur weitgehend selbst. Prachtstauden, Sommerblumenbeete, Gemüse und Rasen sind von der Natur im Garten nicht vorgesehen. Daher muss man hier korrigierend eingreifen.

Beetpflege im Jahresablauf Umgegrabene Flächen zieht man im Frühjahr oberflächlich mit Krail und Rechen gerade. Das gelingt am leichtesten, wenn sie nach dem Frost zum ersten Mal abgetrocknet sind. Man betritt sie nicht bzw. nur entlang festgelegter Wege, damit sie nicht verdichten. Wo Reste von winterlicher Gründüngung wegzuräumen sind, wird nur flach umgegraben, abgefrorene Gründüngung reißt man aus und zieht die Beete ebenfalls glatt. Bepflanzte Beete hackt man im Sommer öfter, insbesondere nach Regenfällen, und am Tag nach dem Gießen, oberflächlich mit der Rübenhacke auf. Eine ebenso gute Pflegemaßnahme ist das Mulchen.

Gründüngung Im Herbst sät man in frei werdende Beete eine Gründüngung ein. Umgegraben wird, wenn sich die Regenwürmer in tiefere Schichten zurückgezogen haben, in manchen Jahren also erst im Dezember. Wer schon im September Gründüngung eingesät hat, kann solche Flächen ebenfalls noch im Dezember umgraben. Manche Gemüsekulturen hinterlassen im Boden sehr hohe Stickstoff-Restmengen. Das gilt vor allem für Arten, die mitten im Blattwachstum geerntet werden wie Blumenkohl und Brokkoli. Herbstliche Einsaaten nehmen diese Stickstoffmengen auf, der wertvolle Stickstoff wird nicht ausgewaschsen.

Umgraben
ja oder nein?

Das Umgraben sorgt für eine massive Belüftung des Bodens. Dies begrüßen sämtliche sauerstoffliebenden Organismen und reagieren darauf mit erhöhter Aktivität. Natürlich sind zuvor in Oberflächennähe lebende, die in tiefere Schichten gelangen, benachteiligt, sie werden zum Teil absterben. Nachdem die Hauptmasse des Bodenlebens aus vermehrungsfreudigen Bakterien, Pilzen und Strahlenpilzen besteht, wird dieser Verlust in kurzer Zeit ausgeglichen. Diese Organismen vermehren sich bei für sie günstigen Bedingungen schnell. Die erhöhte Bodenaktivität durch das Umgraben führt zur schnellen Freisetzung von Stickstoff aus Pflanzenresten, auch aus abgestorbenen Wurzeln. Daher gräbt man so spät wie möglich im Jahr um, wenn sich auch die meisten Regenwürmer in tieferen Schichten zum Winterschlaf eingerollt haben. Gerade schwere Böden profitieren am meisten vom Umgraben, diese gräbt man am besten um, wenn die obersten zwei Zentimeter bereits gefroren sind (siehe auch S. 34).

Umgegrabene Böden trocknen im Frühjahr schneller ab. Auf schweren Böden ist diese Vorarbeit für den Frühgemüseanbau unbedingt erforderlich. Umgekehrt können leichtere Böden auch sehr gut mit einer Gründüngung überwintern, mittelschwere nur, wenn man die Beete erst ab Mitte April anlegen will.

Einzelgeräte oder Stecksysteme? Gartengeräte zum Umstecken sind zu umständlich, sie erschweren die Teamarbeit in der Familie, weil sie nicht gleichzeitig einsetzbar sind. Besser sind hochwertige, robust gefertigte Modelle.

Grundausstattung Gartengeräte

1. Ein Rechen zur Saatbeetvorbereitung. Die Rübenhacke ist ein Universalgerät zum Aufreißen der Bodenoberfläche nach Regenfällen, Beseitigen von Wurzelunkräutern, und hochkant gestellt zieht sie auch Saatrillen.

2. Spaten zum Umgraben, Ausstechen von Gehölzen und eine Grabgabel zum Ausstechen von Stauden und zur Ernte von Wurzelgemüse erledigen Gröberes. Schwere Böden im Frühjahr mit einem Krail einebnen, leichte im Sommer mit dem Grubber.

3. Eine Pflanzschaufel und ein schmaler Distelstecher sollten stets zur Hand sein.

4. Die Schlaghacke dient zum Auflockern selten bearbeiteter Flächen, z. B. beim Nachpflanzen von Gehölzen.

Mulchen wie die Natur im Buchenwald

Mulchen nennt man das oberflächliche Bedecken des Bodens, meist mit organischem Material. Es führt den Boden näher an einen natürlichen Zustand, denn dort gibt es kaum offene Böden. In Wäldern ist der Boden mit Laub, in offenen Landschaften immer von Pflanzen oder Pflanzenresten bedeckt.

Laubmulch Herbstlaub ist ein vielseitiger Wertstoff im Garten. Am besten bleibt er auf dem Boden liegen. Manche Stauden vertragen jedoch keine hohen Laubschichten. Vor allem von Polsterstauden und wintergrünen Arten sollte man einen Teil der Laubmassen abrechen. Ganz besonders leidet Rasen unter Falllaub. Daher wird es bei Bedarf mehrmals abgeräumt. Und in Teichen bewirkt Laub eine Nährstoffanreicherung, die späteren Algenwuchs begünstigt. Daher muss es ebenfalls wiederholt abgezogen werden. Natürlich wird man auch helle Terrassenbeläge frei von alten Blättern halten. In den neuerdings beliebten Kiesbeeten sorgt Laub für eine dort unerwünschte Bildung von humosem Erdreich, in dem später leicht Unkräuter Fuß fassen können. Über solchen unnatürlichen Flächen stehen am besten keine Bäume. Gesammeltes Laub lagert am besten beim Kompostplatz, wo es im nächsten Sommer zum Vermischen mit Rasenschnitt zur Hand ist. Die einfachste Möglichkeit, Laub zu kompostieren, ist das Ausbringen unter Beerensträuchern oder auf Gemüseflächen als Mulchschicht. Als Winterschutz taugt es mit Gehölze und Stauden, die in unserem Klima nicht zuverlässig winterhart sind, z. B. Artischocken, Schmucklilien oder Feigen. Oder man nutzt es im Frühjahr für Beetstauden.

Grasschnitt düngt Grasschnitt dient als dünne Mulchschicht unter Beerensträucher, lang stehenden Gemüsearten, Rosen, Beetstauden, Erdbeeren und jungen Obstgehölzen. Material aus dem Fangkorb des Rasenmähers ist oft brockig und schwer zu verteilen. Bequemer geht es beim schnellen Mähen ohne Fangkorb und trockener Witterung. Schon nach zwei Stunden ist das Mähgut angetrocknet, mit dem Rechen ruck-zuck eingesammelt und schnell verteilt. Grasschnitt spart Düngung: 4g frischer Rasenschnitt enthält so viel Stickstoff wie 100 g Hornmehl (siehe auch S. 28).

Rindenmulch soll in Gehölzpflanzungen das Unkrautwachstum verhindern. Dies gelingt nur bei Samenunkräutern. Wurzelunkräuter wie Quecke, Winde und Disteln durchdringen die Schicht ohne Probleme. Der Feinanteil solcher Rindenprodukte wandert schnell in den Boden ein und bindet dort vorhandene Stickstoffvorräte. Bei Billigprodukten ist der Feinanteil am höchsten. Daher sieht man oft kümmerliche Gehölze mit Nährstoffmangelsymptomen in Rinden-Mulchflächen stehen. Besser als Rinde ist Gehölzhäcksel, das in einer 5 cm dicken Schicht ebenfalls Unkrautwachstum unterdrückt.

Wann wird gemulcht? Eine Mulchschicht verzögert die Bodenerwärmung im Frühjahr, daher wird erst ab Mai gemulcht. Das gilt für Staudenpflanzungen ebenso wie für Erdbeerflächen, deren Fruchtstände mit Stroh oder Holzwolle unterlegt werden. Besonders vorteilhaft ist eine dünne Schicht aus Rasenschnitt oder Laub auf Böden, die zur Verkrustung neigen. Wo sonst dicke Regentropfen die Oberfläche verschlämmen und verkrusten, bremst sie die Mulchauflage sanft ab, ganz ähnlich wie auch die Blätter von Pflanzen.

1. Grünmasse ist viel zu schade für die Biotonne.
2. Mulchen spart im Sommer Gießwasser, im Winter schützt es vor Verunkrautung.
3. Saftige, feuchte Grünmasse (Rasenschnitt, Gemüseabfälle, Erntereste) wirkt wie ein organischer Dünger.
4. Trockene Stängel halten als Mulchschicht länger, Gehölzhäcksel ersetzt Rindenmulch.
5. Erdbeeren erst nach den letzten Spätfrösten mit Stroh mulchen.

Gründüngung für jedes freie Beet

1. Bienenfreund

_ *eigene Pflanzenfamilie, daher:*
_ *keine Fruchtfolgeprobleme bei Gemüse*
_ *schnellwüchsig*

Phacelia blüht bereits sechs Wochen nach der Saat. Die violetten Blüten locken unzählige Bienen und andere Insekten an. Wird sie noch vor der Blüte eingearbeitet, verarbeiten die Bodenorganismen alle Reste in wenigen Wochen. Wer die abgeblühte und bereits leicht verholzte Masse einarbeitet, verbessert langfristig den Humusgehalt deutlich.

2. Buchweizen

_ *Knöterichgewächs, daher:*
_ *keine Fruchtfolgeprobleme bei Gemüse*
_ *schnellwüchsig*

Nach sechs Wochen treibt aus dem herzförmigen Blattwerk ein weißer Blütenflor. Wer Bienenfreund *(Phacelia)* oder Buchweizen aussamen lässt, die Pflanzenreste abräumt und die Beete einebnet, bekommt noch eine zweite Gründüngung. Damit überbrückt man mit wenig Aufwand auch längere Zeiträume vor Neuanlagen. Gründüngung unterdrückt Unkrautwachstum.

3. Erbsen

_ *ist als Leguminose ein Stickstoffsammler*
_ *flachwurzelnd*
_ *schnellwüchsig*

In den Wurzelknöllchen leben Bakterien, die – und diese Fähigkeit ist unter allen Lebewesen sehr selten – aus dem umgebenden Luftstickstoff pflanzenverfügbaren Stickstoff herstellen können. Andere Pflanzen bekommen erst Zugriff, wenn die Leguminose abstirbt oder umgehackt und eingearbeitet oder gemulcht wird.

4. Ackerbohne

_ *Leguminose wird ab März gesät*
_ *einarbeiten vor der Blüte*
_ *wirkt als Stickstoff-Biodünger*

Der Stickstoff in der Pflanzenmasse reicht zur Hälfte für eine nachfolgende Salatkultur. Wer 100 g Samen anstelle der üblichen 20 g Saatgut/m² sät, düngt damit die komplette nachfolgende Salatkultur. Ein Teil der Nährstoffe stammt aus der Stickstoffbindung, ein Teil beruht auf dem Stickstoffgehalt (ca. 5 %) der großen Samenkörner selbst.

5. Senf

_ *blüht sechs Wochen nach der Saat*

_ *lohnt auch für kleine Teilflächen*

_ *Grüneinsaat ist besser als Brachfläche*

Lediglich auf Gemüseflächen mit hohem Kohlanteil sollte man diesen Kreuzblütler meiden, dort fördert er Krankheiten wie die Kohlhernie. Lediglich kohlhernieresistente Senfsorten schaden nicht. Anstelle von Senf sind Sommerblumenmischungen oder auch Ringelblumen attraktivere Begrünungen, wenn etwas mehr Zeit zur Verfügung steht.

6. Tagetes

_ *Saat erst ab Mai*

_ *blüht ständig von Juli bis zum Frost*

_ *gegen Möhrennematoden*

Nur ein mehrmonatiger Anbau wirkt hemmend auf Nematoden. Das sind winzige Fadenwürmer im Boden, die z. B. bei Möhren die Rüben befallen. Der Befall zeigt sich an kümmerlich entwickelten Rüben und insbesondere an ausgeprägt reichlich und kräuselig wachsenden Seitenwürzelchen. Man bekommt sie am besten zu Gesicht, wenn man die Möhre nicht rauszieht, sondern mit der Grabegabel vorsichtig heraushebt. Zur Nematodenreduzierung sind geschlossene Bestände nötig, ein paar einzelne Pflanzen am Beetrand sind dekorativ, aber wirkungslos.

Gründüngung in jede Lücke

7. Winterroggen

_ *Saat am besten im September*

_ *lohnt auch noch im Oktober*

_ *bindet überschüssigen Stickstoff*

Roggen bestockt dichter als andere Winterge-treide, bildet ein dichtes Wurzelwerk und wächst auch noch an milden Wintertagen. Der attraktive Grünteppich eignet sich auch für einzelne Beete. Im späten Frühjahr hackt man die Büschel mit einem flach gehaltenem Spaten ab. Ein früher Gemüseanbau ab März ist auf feuchten, langsamer abtrocknenden Flächen nicht möglich. Für Maikulturen wie Tomaten, Gurken oder Bohnen ist Roggen als Vorkultur aber ideal.

8. Winterwicke

_ *Anbau wie Roggen*

_ *auch in Mischung mit Roggen möglich*

_ *Saatgut der Leguminose deutlich teurer*

Winterwicken sammeln schon im Frühjahr Stickstoff, wenn sich der Boden langsam erwärmt. Dieser steht dann den folgenden Gemüsepflanzen zur Verfügung, wenn man die Wicken eingearbeitet hat. Wichtig sind lückenlose Bestände, weil sich in den Lücken in milden Wintern viele Samenunkräuter entwickeln und sich auch schon aussamen. Wie bei Erbsen holen sich Vögel die frisch gesäten Saaten, die man daher am besten mit Vlies abdeckt.

Stickstoff-Speicher

Organisch düngen – ganz natürlich

Nährstoffe im eigenen Garten bewahren und nutzen, wo sie anfallen, das ist die umweltfreundlichste Art und Weise zu düngen. Falllaub zwischen Sträuchern und Beerenobst genügt meistens. Nur für intensiv genutzte Bereiche, wo auch viel geerntet wird, benötigt man zusätzliche Bio-Dünger.

Hausordnung im Kompost

Wer fleißigen Organismen im Kompost gute Arbeitsbedingungen bietet, bekommt nach ein paar Monaten hochwertigen Kompost.

Aufgeschichtete Pflanzenreste erwärmen sich von selbst. Ursache sind zunächst Gärvorgänge durch Hefepilze, die überall auf den Blättern leben. In den folgenden Wochen und Monaten vermehren sich dann Bakterien, und Pilze im Inneren einer aufgesetzten Miete. Nur in großen Kompostieranlagen wird es so heiß, dass auch Unkrautsamen oder Krankheitserreger absterben.
An der Oberfläche zerkleinern Schnecken, Asseln und Springschwänze Pflanzenteile. Mikroorganismen haben es leichter, wenn man ihnen gehäckseltes Material anbietet. Erst später gesellen sich Regenwürmer dazu, wenn sie von unten zuwandern können.

Besser raus aus dem Garten Von Krankheitserregern befallene Grünabfälle werden besser in der Biotonne entsorgt. Dazu gehören die mit Kohlhernie befallenen Wurzelstrünke, Himbeerstängel mit Rutenkrankheit, virusbefallene Pflanzen und Unkräuter mit Samenansätzen, die man nicht rechtzeitig vor der Reife gejätet hat. Wurzelunkräuter können auf den Kompost, wenn sie zuvor in der Sonne getrocknet wurden.

Engerlinge im Kompost? Wer viel holziges Material kompostiert, findet oft dicke, cremeweiße und behaarte Engerlinge. Es handelt sich um die Larven des Nashornkäfers. Am besten gibt man sie wieder in halbfertigen Kompost zurück. Sie sind nicht zu verwechseln mit den schlankeren, kaum behaarten Larven des Maikäfers, die an lebenden Wurzeln fressen.

4 Fakten über Kompostzusätze

1. Auch wenn Kalk die Kompostierung fördert, ist eine zusätzliche Gabe nur bei kalkarmen Böden ratsam (Bodenprobe). Kompost für Substratzwecke soll möglichst leicht sauer sein. Der pH-Wert lässt sich jederzeit heben (Kalk), aber kaum senken.

2. Kompostbeschleuniger sind nicht nötig. Bei fehlerhaft zusammengesetztem Kompost wirken sie auch nicht.

3. Ob in Behältern oder Haufen kompostiert wird, spielt für die Bodenorganismen keine Rolle. Es ist eher eine Frage der Optik. Behälter sollen seitlich viele Lüftungsschlitze haben.

4. Drei Komposter sind ideal: Im ersten werden Garten- und Küchenabfälle gesammelt, dann in einen zweiten zur Reifung umgeschaufelt. Ein dritter Behälter hält Reifkompost zur Entnahme nach Bedarf vorrätig.

Kompost: Humus- & Nährstoffvorrat

Sammeln oder liegen lassen? Bodenorganismen verwerten die Pflanzenreste dort, wo sie anfallen. Wo das nicht erwünscht ist, werden Wertstoffe, also alle Grün-»abfälle« und Schnittgut im Kompost gesammelt.

Luftig und mäßig feucht Die wichtigsten Bodenbewohner im Kompost verlangen viel Luft und gleichbleibend mäßige Feuchtigkeit. Daher ergänzen sich dicht lagernde Grünmasse wie Kohlblätter oder Rasenschnitt am besten mit sperrigem Material wie z. B. Häckselgut von Gehölzen und Stauden. Holzhäcksel lagern am besten in einem kleinen Haufen neben dem Kompost, wenn Rasenschnitt anfällt, stehen sie als Mischpartner bereit.

Blattmasse statt Dünger Blattspreiten werden schneller abgebaut als die harten Blattrippen, so entstehen oft filigrane Gebilde. Stickstoffgaben beschleunigen die Verrottung im Komposter. Es ist aber dennoch nicht sinnvoll, Kompostbeschleuniger zuzukaufen, weil es in den meisten Gärten gar nicht darauf ankommt, ob der Kompost ein paar Wochen früher gar ist. Besser für die meisten Pflanzen ist ein nicht allzu nährstoffreicher Kompost zur Bodenverbesserung. Kulturen wie Tomaten, die viele Nährstoffe brauchen, erhalten zusätzlich zum Kompost lieber gezielt und direkt eine Zusatzdüngung. Rasenschnitt ist saftige Blattmasse als Stickstoffdünger pur: 4 kg

davon enthalten so viel Stickstoff wie 100 g Hornmehl. Zur Kompostierung von schwer verrottbarem Material wie Gehölzhäcksel oder Fallaub mischt man Rasenschnitt, Kohl- oder Salatblätter bei. So ist auch Walnuss- oder Kastanienlaub kein Problem für die Kompostlebewesen.

1. Grünabfälle mit gefährlichen Krankheitserregern gehören in die Biotonne. In Großanlagen werden diese abgetötet.

2. Besonders gefährlich sind Pflanzenteile mit Kohlhernie, Himbeer-Rutenkrankheit sowie virusbefallene Pflanzen.

3. Aussamende Unkräuter vorsichtig zur Biotonne transportieren. Das nächste Mal vor der Reife jäten.

4. Wurzelunkräuter können auf den eigenen Kompost, wenn man sie zuvor in der Sonne trocknet.

Kompost: Grunddünger im Bio-Garten

Gut verrottet Für Aussaaten und zur Substratbereitung wird nur vollständig verrotteter Kompost verwendet, zur oberflächlichen Einarbeitung in Pflanzkulturen eignet sich auch halbfertiges Material.

Immer im Frühjahr Bester Zeitpunkt zum Ausbringen von Kompost ist das Frühjahr, vor der Präparation der Beete für Gemüse und Sommerblumen. Man vermischt den Kompost mit der obersten Bodenschicht. So können die Bodenorganismen das Material gleich besiedeln und die Nährstoffe aufschließen. Zugleich verhindert der Mulch eine oberflächliche Bodenverkrustungen, sodass die Belüftung tieferer Schichten gewährleistet bleibt. Zwischen die Reihen länger stehender Kulturen wie Zuckermais, Sellerie oder Tomaten können Sie auch später noch Kompost einarbeiten.

Kompost nicht vergraben Manche Gärtner geben in die Pflanzlöcher von Gehölzen oder Tomaten erst einmal eine Schaufel Kompost. Bei lockeren Böden funktioniert das auch gut. In feuchten Jahren und in schweren, tonhaltigen Böden kann es aber auch unter Sauerstoffmangel zu wurzelschädlichen Fäulnisprozessen kommen. Anstelle luftliebender Kompostbewohner gewinnen Organismen Oberhand, die ohne Luftzufuhr leben, und die entstehenden Faulgase sind schon in geringer Dosis Gift für die Pflanzenwurzeln. Legt man den Ballen solcher Pflanzen frei, kann man den unangenehmen Geruch riechen. Heute gibt man an den Grund der Pflanzgrube eher grobschotteriges Material. Kompost wird nur in die oberste Erdschicht beim Verfüllen der Pflanzgrube gemischt.

Grunddüngung 3 Liter Kompost je m²

1. 3 Liter Kompost je m² im Frühjahr legen in Gemüse, Beetstauden, Rosen und Sommerblumen die richtige Grundlage.
2. 3 Liter Kompost enthalten genau die richtige Phosphatmenge, wenn viel Grünmasse geerntet wird.
3. Nährstoffbedürftige Kulturen wie Zuckermais, Kohl oder Sellerie erhalten auch mal 6 Liter je m².
4. Dafür bleiben im nächsten Jahr anspruchslosere Kulturen wie Erbsen, Zwiebeln oder Radies ohne Kompost.

Nicht im Herbst Früher brachte man Mist und Kompost im Herbst vor dem Umgraben aus. Dabei gehen viele Nährstoffe verloren, vor allem wenn der Winter später beginnt. Sind die Böden noch warm, setzen die Bodenlebewesen aus Biomasse in kurzer Zeit viel Nitratstickstoff frei, der dann mit den winterlichen Niederschlägen, spätestens bei der Schneeschmelze, in tiefere Bodenschichten gespült wird, wo er für die Pflanzen nicht mehr verfügbar ist. Gezielt ausgebrachte Kompostgaben, die im Frühjahr auf dem Boden verteilt werden, wirken am besten.

Nicht alles zum Gemüse Wer alle Grünabfälle des Gartens kompostiert und dann alles im Gemüsebereich ausbringt, überdüngt in diesem Bereich im Laufe der Jahre den Boden. Vor allem Phosphat sammelt sich in großen Mengen an.

Daher sollten Sie versuchen, Biomasse wie Laub wo es geht an Ort und Stelle zu belassen. Zugleich kann unkrautfreier Kompost auch außerhalb der Staudenbeete, z. B. in Rosenpflanzungen, zwischen Prachtstauden, unter Gehölzen, die erst vor wenigen Jahren gepflanzt wurden, oder sogar auf dem Rasen verteilt werden. Dort natürlich in abgesiebter Form.

Kompost als Substratbestandteil Damit Kompost zu Blumenerde beigemischt werden kann, muss er vollständig verrottet sein. Sehr grobe Teile siebt man ab. Nun mischt man je zur Hälfte Kompost und Rindenhumus, der auch teilweise durch Sand oder Lavagrus ersetzt sein kann. Bei Aussaaterden mischt man Sand ein und für empfindliche Anzuchten dämpft man die Erde (im Bratschlauch im Backofen) bei 100 °C.

Horndünger Hornspäne, Horngrieß und Hornmehl enthalten rund 10 – 14 % Stickstoff. Sie bestehen aus Schlachtabfällen wie Hufen und Hörnern. Hornmehl wirkt schnell und kann auch für Pflanzen mit Nährstoffmangelsymptomen (helle Blätter) verwendet werden. Der Dünger wird aufgestreut, eingehackt und eingegossen. Die Wirkung fein vermahlener Produkte setzt schon nach ein paar Tagen ein und hält mehrere Wochen an. Am günstigsten zur Grund- und Nachdüngung ist der etwas gröbere Horngrieß in etwa kristallzuckerfeiner Vermahlung. Die Wirkung beginnt nach 14 Tagen und hält wenige Monate an. Hornspäne werden langsam abgebaut, auch im Herbst wird noch Stickstoff freigesetzt, der dann ausgewaschen wird.

Vinasse ist der einzige im Bio-Anbau zugelassene Flüssigdünger. Er stammt aus der Hefeherstellung, ist ein Nebenprodukt aus der Zuckerrübenverarbeitung. Anfallende Vinasse geht überwiegend ebenso wie die ähnliche, aber zuckerreichere Melasse in die Tierfutterherstellung, verstärkt aber auch in den Bio-Gemüseanbau. Im Landhandel und im Versandhandel (Firma Biofa, Münsingen) gibt es 20-l-Kanister. Die Pflanzen vertragen Vinasse in hoher Konzentration bis zu 20 ml pro Liter Wasser, allerdings sollten Sie mit klarem Wasser kurz nachspülen. Der Flüssigdünger wirkt sehr schnell und sorgt bei erkennbarem Stickstoffmangel sofort für Abhilfe.

Schafwoll-Pellets werden aus verschmutztem Wollvlies von Schafen hergestellt. Für Textilien werden nur hochwertige, feine Vliese verwendet. Da Schafe aber jährlich geschoren werden müssen, fällt mehr Wolle an, als für die Kleidungsindustrie benötigt wird. Die Wolle gibt es als Granulat, das im Boden oder auch in Substraten auf dreifaches Volumen quillt und dadurch zusätzlich den Wasser- und Lufthaushalt des Bodens verbessert. Die Pellets (Bezug übers Internet) enthalten rund 11 % Stickstoff und etwas Kalium.

Zur Ergänzung: organische Stickstoffdünger

Wissenswertes Gemüse, hohe Sommerblumen und Dahlien brauchen zusätzlich zum Kompost zugekauften Stickstoff, wenn sie kräftig wachsen bzw. reiche Ernte bringen sollen. Im Bio-Garten sind dabei nur organische Stoffe erlaubt.

Rizinusschrot und Maltaflor mit je etwa 5 % Stickstoffgehalt sind im Profi-Bioanbau weit verbreitet. Die etwas größeren Gebinde aus dem Agrarhandel lassen sich kühl und trocken über mehrere Jahre lagern. Man verwendet die jeweils doppelte Menge wie bei Hornprodukten. Hundebesitzer sollten ihre Tiere von Rizinusdünger fernhalten, sie sind für sie giftig.

Phosphorhaltige Dünger sind meist unnötig. Dazu gehören Knochenmehl, aber auch viele organische Volldünger. Wer mit Kompost arbeitet, braucht sie in den seltensten Fällen.

Kalimagnesia und Bittersalz sind im Bio-Anbau erlaubt, wenn eine Bodenuntersuchung eine zusätzliche Kali- oder Magnesiumdüngung empfiehlt. Nur der besonders strenge Demeter-Verband schreibt vor, dass diese Dünger zunächst auf den Kompost gegeben werden, um dann von dort aus auf den Beete verteilt zu werden.

Gartenkalk (= kohlensauren Kalk) gibt man nur bei Kalkbedarf (Bodenuntersuchung).

Eisendünger in organischer Chelat-Bindung wendet man bei Bedarf an, bei Rosen oder Himbeeren. Spritzungen bei heller Einstrahlung führen manchmal zu Blattflecken.

1. Tomaten vertragen auch Tannendünger: Unterschiedliche Dünger für verschiedene Kulturen sind nicht immer nötig.
2. Stickstoff- und kalireiche Dünger ergänzen Kompost am besten.
3. Nadelbäume reagieren auf Magnesiumdünger oft mit besonders grüner Farbe.
4. Der Einkauf eines Rasendüngers (mit sehr viel Stickstoff, viel Kalium, wenig Phosphor) kann sinnvoll sein.

Nährstoffe im Garten bewahren

Pflanzenmaterial aus dem Garten sollte weitgehend dort verbleiben. Erntegut wird jedoch dem Kreislauf entnommen, daher muss planvoll nachgedüngt werden, sonst kommt es zu Nährstoffmangelerscheinungen.

Biomasse an Ort und Stelle belassen Falllaub und Erntereste im Gemüsebeet wie z. B. die äußeren Salatblätter bleiben am besten an Ort und Stelle als Mulchmaterial liegen, bis sie im Herbst umgegraben werden. Am besten geschieht dies, wenn der Boden leicht angefroren ist, dann geht die Arbeit gut vonstatten, zugleich bleiben Spatenblatt und Stiefel sauber. Erntereste von Gemüsebeeten sind recht stickstoffreich, insbesondere die von Blatt- und Kohlgemüse, aber auch von Wurzelgemüse, von dem viel Blattmasse übrig bleibt. Fruchtgemüse enthält zwar wenig Stickstoff, dafür werden im Herbst die ganzen Pflanzen entfernt. Hoch wachsende Arten wie Tomaten oder Zuckermais enthalten natürlich mehr Nährstoffe als kleine, niedrige. Laub verträgliche Stauden unter den Gehölzen nehmen das Falllaub auf. Lässt man Staudenstängel über den Winter stehen, lassen sie ihre stickstoffreichen Blätter auf den Boden fallen. Im Frühjahr entfernt man nur noch die dürren, nährstoffarmen, dürren Stängel.

Kleine Ortswechsel sind erlaubt Rasenschnitt dient als dünne, düngende Mulchschicht in Gemüsebeeten, unter Beerensträuchern, Rosen, Sonnenblumen oder Rittersporn. Holzhäcksel und Heckenschnitt können unter Sträuchern als Mulchschicht dienen. Sie unterdrücken keimende Unkräuter genauso gut oder besser wie zugekaufter Rindenmulch.

Blattmulch für Regenwürmer Abgestorbene Blätter an der Bodenoberfläche sind die Lieblingsnahrung der Regenwürmer. Sie ziehen diese in den Boden, lassen sie anrotten und fressen sie dann. Mit Laub gemulchte Böden sind reicher von Regenwürmern besiedelt als ungemulchte. Dies gilt besonders für offene Flächen wie Gemüse- und Blumenbeete.

Mulchen spart Kompostarbeit Was als Mulchschicht ausgebacht wird, braucht man nicht zu kompostieren. Das spart Platz im Behälter und Mühe beim Umsetzen.

Pflanzenbrühen Schnell verfügbare Nährstoffe erhält man durch die Zubereitung von Tees, Brühen und Jauchen. In der Jauche, bei der ca. 1 kg frische Blattmasse von Brennessel, Beinwell oder anderen Pflanzen in 10 Liter Wasser etwa 14 Tage vergoren werden, sind am meisten Nährstoffe gelöst. Der Inhalt des Eimers enthält mit 3 g verfügbarem Stickstoff so viel Nährstoff wie ca. 25 g Hornmehl. Er wird nicht über die Blätter, sondern direkt auf den Boden gegeben, am besten in verdünnter Form. Bei kürzer zubereiteten Brühen werden die restlichen Feststoffe auf den Kompost gegeben oder als Mulchmaterial verwendet. Sie können natürlich auch stickstoffreiche Pflanzen wie Brennnesseln oder Beinwell zerkleinern und gleich als Mulchmaterial verwenden, bzw. leicht in die Beete einhacken. Die Umsetzung dauert dann je nach Bodenfeuchte etwas länger und die Pflanzen erhalten den Stickstoff erst nach einigen Wochen.

4 Fakten zum Umgraben

1. Jede Bodenbearbeitung bewirkt immer eine erhöhte Freisetzung von Stickstoff (siehe S. 19). Daher wird im Spätherbst umgegraben, wenn die Bodenaktivität durch Kälte gebremst ist.

2. Wer beim Umgraben viele Regenwürmer durchsticht, gräbt zu früh um, auch die Mikroorganismen sind noch zu aktiv.

3. Erst wenn sich die Regenwürmer in tieferen Schichten zum Winterschlaf zurückgezogen haben, setzen auch die Mikroorganismen keinen unnötigen Stickstoff mehr frei.

4. Wer spät im Dezember umgräbt, kann dabei auch viele Erntereste auf den Beeten mit eingraben. So spart man sich unnötige Arbeit mit Kompostieren.

Ganz nach Bedarf düngen

1. Obstgehölze

_ *brauchen wenig Düngung*
_ *viel Stickstoff, viel Schnittarbeit*
_ *Falllaub nicht entfernen*

Obst enthält viel Zucker und Vitamine, für die Pflanze wichtige Nährelemente sind aber vergleichsweise wenig enthalten. Daher fällt die Obsternte als Weg aus dem Nährstoffkreislauf heraus kaum ins Gewicht. Lediglich regelmäßig stark geschnittene Gehölze brauchen ebenso wie Bäume und Sträucher in den ersten Jahren nach der Pflanzung jährlich drei Liter Kompost pro Quadratmeter.

2. Gemüse

_ *brauchen Stickstoffdüngung & Wasser*
_ *im März 3 l Kompost/m² geben*
_ *mit 50 g Hornmehl/m² ergänzen*

Für Feldsalat, Radieschen, Kopfsalat und Zwiebeln, aber auch für Selbstversorger« wie Erbsen und Bohnen genügt die oben angegebene Menge. Mittelstark wachsende Gemüse wie Eissalat, Möhren, Endivien, Rettich, Rote Rüben, Gurken erhalten nach ca. 3 – 6 Wochen nochmals 50 g Hornmehl, stark wachsende wie Tomaten, Sellerie, Porree und Kohlarten 4 Wochen später nochmals 50 g. Den Dünger nach dem Ausbringen einrechen oder oberflächlich Einhacken und am besten Einwässern.

3. Blumen, Stauden & Rosen

_ *naturnahe Stauden, Gehölze nicht düngen*
_ *Sommerblumen wie Gemüse versorgen*
_ *Beetstauden wie mittlere Gemüsegruppe*

Eine Orientierung bei der Düngungshöhe gibt die Menge an Grünmasse bzw. das Schnittgut, das entnommen wird. Teile des Ziergartens mit Wildobst oder niedrigen Stauden brauchen keinerlei Düngung. Rosen und Sommerblumen erhalten 3 Liter Kompost und 50 g Hornmehl pro Quadratmeter.

Zierrasen ist nicht naturgemäß

Der Stickstoffbedarf von Rasenflächen hängt von der Nutzung ab. Sportrasen und der sogenannte »Englische« Rasen brauchen so viel Stickstoff wie starkzehrende Gemüsearten. Man produziert sozusagen Rasenschnitt, der durch Mähen gleich wieder entfernt wird. Naturgemäß gärtnern heißt jedoch, Grünflächen nur so viel zu düngen, wie sie benötigen. Wer für die Familie einen intensiv nutzbaren Rasen zum Spielen oder als Liegewiese braucht, düngt im April so viel wie bei schwach wachsendem Gemüse beschrieben. Auch reifer Kompost eignet sich. Zur Erhaltung strapazierfähiger Gräserarten und damit der Dünger richtig wirkt, muss man bei Sommertrockenheit auch wässern. Naturnahe Gärtner legen statt eines Rasens eine artenreiche Blumenwiese oder einen Blumenrasen an.

Mit der Natur, statt gegen sie

Naturgemäße Pflanzenpflege

Gärtnern macht nur dann Freude, wenn die Pflanzen wachsen und gedeihen. Und nur Pflanzen, die sich rundum wohl fühlen, wachsen üppig, blühen prächtig und tragen reiche Ernten.

Natürlich machen einzelne Pflegemaßnahmen durchaus Arbeit. Andererseits macht gerade die laufende Beobachtung des Wachstums viel Freude. Mit Gießen, Schneiden oder Umpflanzen beschäftigt man sich mit seinen Lieblingen, und kann immer wieder auch kleine Experimente anstellen: Welches Substrat hält länger feucht, wie lange dauert die Keimung bei kühlerer Temperatur und wie dicht kann ich Tomaten pflanzen? So schaffen Sie sich im Laufe der Jahre einen reichen Erfahrungsschatz an Gartenwissen an.

Die grüne Kinderstube

Ein Samenkorn birgt bereits eine neue Pflanze in sich. In feuchtes Substrat gelegt, beginnt im Inneren ein Entwicklungsprogramm, zuerst erscheint die Keimwurzel, dann die Keimblätter und zum Schluss neue Blätter. Sobald sich Blattgrün gebildet hat, ist viel Licht erforderlich.

Aussaat in Kistchen (Bild 1) Frostempfindliche Kulturen wie Tomaten, Gurken und Bohnen bringt man erst nach Mitte Mai (Eisheilige) ins Freie. Einen erheblichen Wachstumsvorsprung verschafft man ihnen, wenn Tomaten bereits im März, Gurken und Bohnen im April am Fenster in Saatkisten ausgesät werden. Die Aussaat in Anzuchterde gelingt bei diesen Fruchtgemüsen bei 22 °C, Salate müssen unter 16 °C stehen. Sobald sich die Keimblätter zeigen, ist volles Licht nötig, am besten am Südfenster, zumal die Tage im März noch kurz und oft auch trübe sind. Speziell bei Salaten ist Helligkeit wichtiger als Wärme. Also lieber am Südfenster im 12 °C kühlen Treppenhaus als am Ostfenster bei 20 °C.

Pikieren (Bild 2) Zu dicht stehende Keimlinge pflanzt man um in neues Substrat mit mehr Platz, das nennt man pikieren. Sehr frühe Aussaaten werden aufgrund des Lichtmangels oft sehr lang. Beim Pikieren formt man mit einem Stift ein ausreichend tiefes Loch, um den Sämling bis zu den Keimblättern in die neue Erde einzupflanzen. So bleiben auch die Jungpflanzen etwas gedrungener und stabiler. Die Wurzel darf dabei nicht abknicken. Arten mit dickfleischigen, empfindlichen Wurzeln wie Zuckermais oder Bohnen oder solche mit sehr großem Samen wie Zucchini oder Kürbis sät man gleich in Einzeltöpfe.

Von der Anzucht bis zur Pflege

Selbst ziehen oder kaufen? Mit Jungpflanzen aus dem Fachhandel kommen Sie am schnellsten zum Ziel. Viel spannender ist jedoch die eigene Anzucht aus Stecklingen oder Samen.

Stecklinge Triebspitzen vieler Arten bilden willig Wurzeln. Von empfindlicheren krautigen Arten oder von Kübelpflanzen wie Fuchsien oder Geranien schneiden Sie von noch weichen, aber voll entwickelten Triebspitzen 1 mm unter einer Blattachsel mit einem scharfen, sauberen Messer durch. Diese etwa 5 cm langen Stecklinge stecken Sie in ein vorgeformtes Loch in einer Schale mit Vermehrungserde. Nach dem Angießen bedecken Sie das Ganze lose mit einer durchsichtigen Folie und stellen es bei 20 °C hell, aber nicht in der Sonne, auf. Von Zeit zu Zeit anfeuchten. Wenn sich nach ein bis drei Wochen Wurzeln gebildet haben, in Blumenerde umtopfen. Von Buchs schneiden Sie ab Ende Juni etwa 12 cm lange Zweige ab, stecken sie an feuchter, schattiger Stelle zu drei Vierteln in die Erde. Im Frühjahr sind sie bewurzelt.

Steckhölzer Sträucher wie Johannisbeeren lassen sich durch Steckhölzer vermehren. Dazu schneidet man im Herbst aus kräftigen Jungtrieben etwa 20 cm lange Teilstücke und steckt diese leicht schräg zu 80 % in feuchte Erde an einem nur stundenweise besonnten Platz. Am besten sticht man ein Loch vor, und natürlich muss das untere Ende nach unten in die Erde. Im späten Frühjahr wird ein Teil der Steckhölzer bewurzeln und Blätter treiben. Sie können dann vorsichtig umgepflanzt werden.

1. Buchsbaum lässt sich besonders leicht vermehren:
2. Dazu häufeln Sie ab August eine Buchspflanze mit 20 cm Erde an, sodass nur noch die Spitze herausschaut.
3. Im Frühjahr haben die meisten Triebe Seitenwurzeln gebildet. Wenn nicht: bis Herbst angehäufelt lassen.
4. Bewurzelte Triebe schneiden Sie möglichst tief ab und pflanzen sie neu ein. Bis zum Anwachsen feucht halten.

Aussäen & ein- pflanzen

1. Aussaat im Beet

_ *bei Sämereien auf Haltbarkeit achten*

_ *ölhaltige Sämereien halten 4 – 5 Jahre*

_ *feine Samen halten oft nur 1 – 3 Jahre*

Direktsaat ins Beet ist für robuste Arten das Beste. Nur so bildet Wurzelgemüse lange gerade Wurzeln. Je nach Art sät man 1 – 2 cm tief, die genaue Saattiefe steht auf der Samentüte, ebenso der günstigste Saatmonat. Im Frühjahr ebnet man das Beet ein, zieht eine Rille und verteilt das Saatgut darin. Man sät doppelt bis viermal so viel Körner wie eigentlich nötig, weil nicht alle Samen erfolgreich keimen werden. Wenn sich nach ein bis drei Wochen die Keimlinge zeigen, dünnt man nicht benötigte Pflänzchen aus, überzählige kann man auch verpflanzen. Droht Schneckenfraß, lässt man die Sämlinge länger stehen, um ausreichend Ersatz zu haben. Mehr Pflanzen als auf der Samentüte empfohlen, dürfen nicht stehen bleiben, sie können sich sonst später nicht richtig entwickeln. Zu dicht gesäte Radieschen bilden keine Knollen, sondern bilden Blütenstände.

2. Richtig pflanzen

_ *nur kräftige Setzlinge auspflanzen*

_ *hungrige Pflanzen vorher flüssig düngen*

_ *nicht nach unten, nur seitlich andrücken*

Was Sie auf der Fensterbank ausgesät und angezogen haben, kommt schon mit Wachstumsvorsprung ins Beet. Das gilt auch für zugekaufte Setzlinge. Am besten befeuchten Sie die Jungpflanzen vor dem Auspflanzen, auch das Beet soll feucht sein. Ausgetrocknete Ballen nehmen sonst kaum noch Wasser auf. Die meisten Setzlinge kommen genauso tief am neuen Standort zu stehen, wie sie vorher gestanden haben. Tomaten und Porree sollen deutlich tiefer stehen, bei Salat muss dagegen der Wurzelhals über der Erde liegen. Nach dem Auspflanzen nicht mit der Brause, sondern mit der Gießkanne mit schwachem Strahl einschlämmen.

3. Gehölze und große Stauden pflanzen

_ *Wurzelballen nicht austrocknen lassen*

_ *Gehölztriebe zurückschneiden*

_ *nur schadhafte Wurzelteile abschneiden*

Graben Sie ein Loch, etwas größer und tiefer als der Ballen der Pflanze. Den Grund der Pflanzgrube lockern Sie mit einer Grabegabel. Ist die Grube tiefer als Spatentief, lagern Sie Unterboden und Oberboden getrennt. Für Gehölze schlagen Sie nun seitlich einen Anbindepfahl in den Boden, stellen dann den Ballen ein und verfüllen zunächst einen Großteil des Unterbodens. Dann kommt der Oberboden darüber, dem sie ab und zu eine Schaufel voll Kompost beimischen können. Nun korrigieren Sie, wenn nötig, die Position der Pflanze, treten dann die Erde um die Pflanze herum an und formen bei einen Gießrand. Gut angießen.

Wie gießen?

Regenwasser In den letzten Jahren kam es im Frühjahr oder Frühsommer immer wieder zu längeren Trockenphasen. Etablierte Stauden und Gehölze kommen damit zurecht. Die meisten Gartenpflanzen brauchen aber mehr Wasser. Vor allem Gemüse reagiert auf zeitweiligen Wassermangel mit Wachstumsstockungen und wird zäh. Salat oder Kohl bilden keine Köpfe, sondern beginnen zu blühen.

Ausreichend wässern Wassermangel führt zu Notreife, Abstoßen von Blüten oder Fruchtansätzen. Für die Pflanze sind saftige und dicke Knollen, Wurzeln oder Köpfe völlig »überflüssig«, also überspringt sie deren Bildung. Kopfbildung bei Salat und Kohl, zum Beginn der Knollenbildung bei Kohlrabi und Wurzelgemüsen, zum Beginn des Dickenwachstums bei Wurzelgemüsen und während der gesamten Blütezeit bei Fruchtgemüsen, Hülsenfrüchten und Obst.

Klotzen statt kleckern Üppiges Gießen spart Wasser! Ein Liter Wasser pro Quadratmeter entspricht einem Niederschlag von 1 mm. Er dringt rund 1 cm in den Boden ein. Weil die meisten Wurzeln in 10 Zentimeter Tiefe liegen, dringen erst Wassergaben von über 10 l/m² bis in die Wurzelzone vor. Im Hochsommer brauchen die Pflanzen etwa 3 l/m² pro Tag. Wer es am Samstagmorgen schafft, 20 Liter zu gießen hat dann die ganze Woche Ruhe. Ein Boden kann jedoch höchstens 10 Liter Wasser pro Stunde aufnehmen, sonst verschlämmt er. Daher: Gleich nach dem Aufstehen alles zweimal durchgießen, und nach dem Frühstück nochmals.

Automatische Bewässerung

1. Bewässerungscomputer regeln die Wasserzufuhr nach voreingestellter Zeit. Tropfschläuche verteilen das Wasser in der Pflanzung. Bei Dauerregen schaltet man das System ab.

2. Liefern 6 Tropfer auf 1 m² je 4 l/h, sind das 24 l/m² und Stunde. Damit die wöchentliche Menge von 20 l erreicht wird, stellt man die Bewässerung einmal pro Woche für 50 min ein, oder besser täglich für 7 min.

3. Gefäße wie Kübel, Balkonkästen oder Container versorgt man am besten mit dem Tropf-Blumat. Einmal über ein paar Tage hinweg eingestellt, braucht er keine Wartung mehr.

4. Niederdruck-Systeme lassen sich aus einem Hochtank oder der Wasserleitung mit Druckminderer versorgen.

Brause oder Kanne?

Die Gießmengen aus der Kanne lassen sich leicht abschätzen. Mit Hilfe einer Uhr mit Sekundenzeiger lässt sich auch die Wassermenge aus einer Gießbrause recht gut abschätzen. Drehen Sie die Gießbrause voll auf und stoppen dann die Zeit zum Befüllen einer 10-Liter-Kanne. Wenn Sie nun Ihre Beetgrößen abmessen, können Sie genau nach Zeit die gewünschte Wassermenge ausbringen.

- Man stoppt die Zeit, in der man mit der Gießbrause z. B. eine 10-Liter-Kanne füllt, z. B. 30 Sekunden.
- Will man 20 l/m² ausbringen, muss man also 1 min/m² rechnen. 15 Liter auf 10 m² dauern 7,5 Minuten.
- Vorsicht: Brause weiterbewegen, bevor die Erde abschwemmt. Also Pausen einlegen, größere Flächen mehrmals überbrausen.

Ist Brunnenwasser zu kalt? Kaltes Wasser auf von der Sonne erhitzten Blätter kann zu Blattflecken führen. Besonders Gurken sind empfindlich. Abgestandenes Wasser aus der Tonne ist daher am verträglichsten. Wer aus praktischen Gründen dennoch aus der Zisterne gießen muss, sollte unbedingt morgens gießen. Dabei das Gießgerät eher über den Boden als über die Pflanzen halten.

Trockene Blätter werden weniger von Pilzkrankheiten befallen. Nach abendlichen Gießgängen bleiben die Blätter sehr lange nass. Das erhöht nicht nur die Anfälligkeit für Pilzkrankheiten, sondern lockt auch Schnecken an. Es ist also immer besser, morgens zu gießen, es muss ja nicht jeden Tag sein.

1. Nach jedem Wässern verdunsten 1–2 l/m². Seltener, aber dann mehr gießen führt also zu geringeren Wasserverlusten.
2. Nach dem abendlichem Gießen bleiben die Blätter länger nass als nach dem Gießen am Morgen.

3. Abendliches Gießen fördert Schnecken und Pilzkrankheiten.
4. Wer Samstag früh reichlich gießt, braucht unter der Woche nicht zu gießen.

Pflanzen richtig pflegen

Licht, Wasser und Nährstoffe: Pflanzen versorgen sich mit ihnen selbst, wenn sie genug Platz und Wurzelraum haben.

Dichte Bestände ausdünnen Zu dicht stehende Pflanzen werden schwach und krankheitsanfällig. Daher müssen Sie überzählige Exemplare entfernen. Ich habe schon Gemüsebeete gesehen, wo alle Radieschen und auch fast alle Salatpflanzen aufgeschossen waren (also Blüten gebildet haben) – es gab so gut wie keine Ernte.

Stauden setzt man anfangs gerne etwas dichter. So schließen sich Lücken schnell, man sieht bald keinen Boden mehr, und der Unkrautwuchs ist unterdrückt. Zu stark wachsende Arten sollten Sie später herausnehmen, oder die Ballen alle paar Jahre teilen. Sie überwachsen sonst benachbarte, schwächere Arten. Schwache Exemplare treiben dann oft nach dem Winter nicht mehr aus.

Offenen Boden öfter auflockern Im Gemüsegarten, aber auch auf neu angelegten Stauden- oder Obstpflanzungen bleibt zwischen den Kulturen offener Boden. Er verkrustet nach Starkregen, manche Böden sogar nach ganz normalen Wassergaben. Verkrustete Böden sollten Sie wiederholt mit der flachen Rübenhacke oder einem Grubber oberflächlich aufreißen. Damit verringern Sie die unproduktive Wasserverdunstung direkt aus dem Boden und zugleich ermöglichen Sie, dass Sauerstoff in den Boden an die Wurzeln gelangt.

Verblühtes abschneiden Im Naturgarten werden bevorzugt ungefüllt blühende Gewächse gepflanzt, die sich nach der Blüte mit oft recht dekorativen Samenständen schmücken. Nur ungefüllte Blüten bieten den Insekten eiweißreiche Pollennahrung. Gefüllte Blüten verklumpen bei feuchter Witterung schnell zu schimmelnden Fäulnisherden, die Sie regelmäßig abschneiden sollten. Dekorative Samenstände bleiben den ganzen Winter über stehen. Schneidet man aber faulende oder von frühem Schnee niedergedrückte Stängel nicht ab, leidet der ästhetische Gesamteindruck.

Der Garten im Klimawandel Im Frühjahr und im Herbst kommt es immer häufiger zu Frostperioden oder kalten Nächten. Verfrühungsvlies hilft im Gemüse- und Staudengarten, das verlängerte Vegetationsjahr zu nutzen und zugleich die Schäden durch solche Kältenächte zu begrenzen. Man kann wie gewohnt die ersten Beete einsäen und bepflanzen, sobald der Boden aufgetaut und etwas abgetrocknet ist. Die unmittelbar darauf erfolgende Vliesabdeckung sorgt bei feuchtem Boden für fünf Grad wärmere Temperatur um die Pflänzchen. Zusätzlich sind Radieschen und Möhren vor Gemüsefliegen geschützt. Verfrühungsvlies wird spätestens im Juni an einem trüben Tag abgenommen und bei Bedarf durch ein Kulturnetz ersetzt. Im Herbst können Sie die Ernte von Endivien, Zuckerhutsalat, Kohlarten und Wurzelgemüse weit bis fast in den Winter hinein hinauszögern, bis in den Dezember. An warmen Tagen wachsen die Wurzeln weiter. Vor allem Kohl hält unter Vlies länger als im zumeist doch zu warmen Keller eingelagert. Auch bei empfindlichen Stauden erhöht die Vliesabdeckung den Überwinterungserfolg.

1. Pflanzenpflege macht mehr Spaß, wenn die nötigen Geräte griffbereit aufbewahrt werden.
2. Günstig ist eine kleine Gartenhütte, weniger Platz braucht ein Gartenschrank.
3. Am besten zugänglich sollten sein: Gartenschere, Küchenmesser, Pflanzschaufel und Rübenhacke.
4. Seltener benötigt man Verfrühungsvlies, Ersatztöpfe und die schwereren Gartengeräte.

Buntes Treiben im Garten

Läuse und Schnecken gibt es natürlich nicht nur im Garten, sondern auch in der freien Natur. Selten treten sie dort jedoch so massenhaft auf, dass sie einen Pflanzenbestand vernichten. Wildpflanzen sind oft robuster, und zugleich gibt es viele Nützlinge, die Schädlinge in Schach halten.

Im Garten möchte man hingegen Zartes ernten, und feine Gemüse wie viele Möhrensorten sind eben anfälliger als die Wilde Möhre am Wegesrand. Umso mehr sollte man darauf achten, dass die Beete reich mit Nützlingen bevölkert sind. Wer ihr Treiben beobachtet, lernt viel über das Ökosystem im Garten.

1. **Florfliege**

_ erwachsene Tiere leben von Läusen

_ die Larve heißt Blattlauslöwe

_ sie saugt Läuse mit zwei Hohlzangen aus

Die hellgrünen Eier stehen auf 2 mm langen, feinen Stielen an Blättern und Trieben, die bewegliche Larven tragen ein auffälliges Zangenpaar am Kopf. Wer die »Goldaugen« im Winter in der Wohnung findet, befördert sie an milden Tagen ins Freie, weil sie im Haus meist vertrocknen.

2. **Schlupfwespen**

_ sind die wirksamsten Nützlinge

_ sind kleiner als Blattläuse

_ Larven fressen Blattläuse von innen auf

Die winzigen Schlupfwespen legen ihre Eier mit Hilfe eines Legestachels in Raupen, Blattläuse oder Weiße Fliegen. Später verlassen die jungen Schlupfwespen ihren toten Wirt durch ein rundes Loch. Belegte Weiße Fliegenlarven färben sich schwarzgrau, belegte Läuse sehen aus wie aufgeblasen und vertrocknet. Eine Schlupfwespe legt bis zu 50 Eier, aus denen 25 weibliche schlüpfen, die wieder je 50 Läuse belegen. Die erwachsenen Wespen brauchen den Pollen flacher Korb- und Doldenblüten als Nahrung.

Blattläuse?
Zum Fressen gern!

3. Marienkäfer

_ *zahlreiche Arten in verschiedenen Farben*
_ *fressen Blattläuse und andere Schädlinge*
_ *am gefräßigsten sind die Larven*

Die halbkugelförmigen Käfer mit dem gepunkteten Rücken sind zurecht beliebt. Neben dem bekannten roten Siebenpunkt gibt es kleinere mit zwei Punkten, aber auch gelbe oder schwarze mit roten Punkten oder völlig schwarze. Besonders gefräßig ist der neu zugewanderte Asiatische Marienkäfer, der auch Nützlinge und sogar andere Marienkäfer frisst. Alle brauchen Überwinterungsquartiere wie Laubschichten oder Polsterstauden, in denen Temperaturschwankungen nur langsam ablaufen.
Die Larven fressen bis zu 50 Läuse täglich, man findet die unauffälligen, oft schwarz gepunkteten und behaarten, manchmal von weißlichen Wachsflocken überzogenen Räuber inmitten der Läusekolonien.

4. Schwebfliegen

_ *die Larven sind raupenartig & durchsichtig*
_ *leben inmitten der Läuse*
_ *Mimikry: ähneln Bienen & Wespen*

Schwebfliegen legen viele Eier, wenn sie sich zuvor reichlich an Korbblüten, Dillgewächsen oder anderen flachen Doldenblüten gestärkt haben. Aus den an »Läusepflanzen« abgelegten Eiern schlüpfen schnell gefräßige Larven, die sich nach zwei Wochen in einer harten, tropfenförmigen Puppe zur Fliege umwandeln. So kann es jährlich etwa sechs Generationen geben. Schwebfliegen stechen nicht, obwohl ihr Aussehen an eine Wespe oder Biene erinnert. Wer im Salat eine Schwebfliegenlarve findet, sollte sie auf einer Läusekolonie wieder aussetzen, sie saugt dort bis zu 100 Blattläuse täglich aus.

1

Fleißige Helfer im Garten

2

3

1. Igel

_ *lieben einen vielseitigen Garten*
_ *keine Milch anbieten*
_ *überwintern in Laub- oder Reisighaufen*

Igel bevorzugen abwechslungsreiche Gärten mit Gehölzen, in deren Laubschicht sie Regenwürmer finden, aber auch Stauden- und Gemüseflächen mit reichem Insektenleben. Tagsüber verstecken sie sich in dichtem Gestrüpp. Gern ziehen sie sich auch in kleine Höhlen zurück, die sie mit trockenen Pflanzen polstern. Mit Lagerplätzen für Dachplatten, Bretter oder Steine können Sie ihnen zusätzliche Schlupfwinkel bieten. Nachts gehen sie auf Futtersuche – Insekten und Schnecken stehen auf dem Speiseplan, im Herbst auch Fallobst. Zum Winter hin vergraben sie sich am liebsten in dicke Laubhaufen oder verkriechen sich zwischen ein paar Strohballen.

2. Vögel

_ *viele Singvögel sind Insektenfresser*
_ *Körnerfresser füttern ihre Brut mit Insekten*
_ *geschützte Nistmöglichkeiten anbieten*

Auch die Körnerfresser unter den Singvögeln füttern ihre Jungen mit Insekten und Würmern – je nach Art von Blattlausgröße bis zum dicken Regenwurm. Zwar können Spatzen oder Amseln zur Erntezeit auch einmal lästig werden, ihr Nutzen ist größer, weil auch sie ihre Kinder nur mit fleischlicher Nahrung füttern. Leider stellen ihnen Katzenfreigänger nach, sodass Nistkästen für verschiedene Vogelarten immer katzensicher aufgehängt werden müssen. Verantwortungsbewusste Katzenliebhaber bringen an ihrem Tier ein Glöckchen an.

3. Spinnen mit & ohne Netz

_ *Netze filtern fliegende Läuse aus der Luft*
_ *Wolfsspinnen jagen aktiv*
_ *alle heimischen Spinnen sind ungefährlich*

Am bekanntesten sind Netzspinnen. Im Spätsommer weben Kreuzspinnen auffällige Netze zwischen Gehölzen und höheren Stauden. Wie viele weitere Spinnennetze es gibt, sieht man im »Altweibersommer« oft erst im morgendlichen Tau, sonst fallen sie kaum auf. Spinnen verringern die Anzahl fliegender Insekten spürbar, selbst wenn allzu kleine Beutetiere gar nicht ausgesaugt werden. Leicht verkrustete Böden teilen sich Wolfsspinnen oft mit den ebenso nützlichen Laufkäfern. Alle einheimischen Spinnen sind ungefährlich. Nur die größten Exemplare könnten durch unsere Haut zwicken, das bleibt aber ungefährlich. Im Sommer tragen die Weibchen der Wolfsspinnen runde Eikokons am Hinterleib mit, die geschlüpften Jungen bleiben auch noch eine Zeitlang auf dem Rücken der Mutter.

Auch sie lieben unsere Pflanzen

1. Spinnmilben

_ *bei trockener Wärme, im Gewächshaus*

_ *leben versteckt an der Blattunterseite*

_ *oft an Auberginen, Bohnen & Gurken*

Häufiges Befeuchten der Blattunterseiten am Morgen und eine hohe Luftfeuchtigkeit zögern den Befall hinaus. Eine Spritzung mit Kaliseifenpräparat wirkt ebenfalls gut, nach einer Woche nochmals spritzen, um frisch geschlüpfte Exemplare zu erwischen. Nur im Gewächshaus kann man gekaufte Raubmilben freisetzen. Sie vermehren sich nur bei Wärme und hoher Luftfeuchtigkeit ausreichend stark. Dazu morgens die Blattunterseiten besprühen, tagsüber dann nur noch den Boden und die Wände.

2. Weiße Fliege

_ *oft an Kohlgewächsen*

_ *Kulturschutznetz rundum dicht anbringen*

_ *nur gesunde Bestände abdecken*

Am besten Kohlgewächse gleich nach der Pflanzung abdecken. Bis Juni hilft das preiswerte Vlies, später nur das luftigere Netz. Kaliseifenpräparat frühmorgens auf Blattunterseiten spritzen, wenn die Tiere kaum fliegen. Nach einer Woche nochmals spritzen, um die inzwischen geschlüpften Jungtiere zu erfassen. Im Gewächshaus können auch gekaufte Schlupfwespen eingesetzt werden, wichtig sind Wärme und feuchte Luft.

3. Blattläuse

_ *viele Arten befallen nur eine Pflanzenart*

_ *wechseln im Winter meist den Wirt*

_ *die ersten Sommerläuse im Blick behalten*

Viele Blattläuse überwintern als Ei auf Gehölzen. Im Frühsommer wechseln sie dann auf krautige Arten. Jungläuse bringen schon nach einer Woche selbst wieder Junge zur Welt. Häufige Läusearten: Große Rosenblattlaus auf Rosen, im Sommer auf Karden und Baldriangewächsen; Schwarze Bohnenlaus (auch an Spinat und Kartoffeln), im Winter auf Pfaffenhütchen; Pfirsichblattlaus, im Sommer auf Salat u.a.; Salatwurzellaus, im Winter auf Pappeln. Die mehlige Kohlblattlaus lebt auschließlich an Kohl und anderen Kreuzblütlern.

Blattläuse bekämpfen

1. Frühzeitig jungen Kolonien einfach mit den Fingern zerdrücken.

2. Oder mit feinem, scharfem Wasserstrahl abspritzen.

3. Bei stärkerem Befall befallene Pflanzenteile mit einem zugelassenen Spritzmittel spritzen.

4. Brennessel-Kaltwasserauszug hat mäßige Wirkung. Dazu 1 kg frische Brennessel über Nacht in 10 Liter Wasser einweichen, abseihen, unverdünnt spritzen.

4. Mehltau

_ *mehlig weiße Puderflecken auf Blättern*
_ *Blüten und Triebe werden befallen*
_ *vorbeugend resistente Sorten pflanzen*

Auf Gurken, Bohnen, Feldsalat, Ahorn, Äpfeln, Trauben, Rosen, Phlox oder Rittersporn sehen sich die Flecken zwar zum Verwechseln ähnlich, allerdings handelt es sich um verschiedene Arten des Mehltaupilzes. Daher kann auch ein stark befallener Rosenstrauch keine Gurken oder Rittersporn »anstecken«. Echte Mehltaupilze sind »Schönwetterpilze«, die sich bei warmen Temperaturen vermehren, sie lieben aber auch taufeuchte Nächte. Luftige, gut ernährte Bestände werden weniger befallen. Beste Vorbeugung ist die Wahl mehltautoleranter oder besonders robuster Sorten bei Gurken, Feldsalat, Trauben, Rosen, Äpfeln und anderen.

5. Schnecken

_ *naschen an den zartesten Pflänzchen*
_ *nehmen bei Nässe schnell überhand*
_ *nur eine gezielte Strategie hilft*

Bei milder Witterung lohnt sich im Frühjahr ein allabendlich Spaziergang durch den Garten, um die überwinterten Tiere einzusammeln. Gegen die winzig kleinen Ackerschnecken hilft Schneckenkorn auf Eisensulfat-Basis. Später müssen Sie besonders zarte Jungpflanzen im Auge behalten. Im Staudengarten sollten Sie an feuchten Standorten langfristig nur Arten pflanzen, die von Schnecken gemieden werden. Legen Sie im Herbst Erntereste auf die Beete. Beim späteren Umgraben entsorgen Sie die zahlreichen Eierhäufchen in die Biotonne.

Lebensräume für Nützlinge

Aufgeräumte Gärten sind Lebenswüsten. Allerdings können auch im Bio-Garten Gehölzsäume, Staudenbeete, Gemüse- und Kräuterflächen in wohlproportionierter Aufteilung angeordnet sein. Trockenmauern, Gartenhütten und Pergolen bilden optisch überschaubare Räume und bieten zugleich neue Nischen für Tiere. Holzvorräte, Steinhaufen oder zwischengelagerte Reisighaufen können durchaus dekorativ aufgeschichtet sein.

Trockenmauern schichtet man standfest mit leichter Neigung zum Hang auf. Beachten Sie dabei handwerkliche Regeln: Steine dürfen nur auf Steine gelegt werden. Zur Begrünung nutzt man nur senkrecht verlaufende Fugen. Man lässt sie etwas breiter, um Platz für etwas Erde für neu eingepflanzte Mauerbewohner zu haben. Erde als »Mörtel« zwischen den waagerechten Steinschichten bewegt sich im Winter beim Auf- und Zufrieren, das kann im Lauf weniger Jahre das Mauergefüge durcheinander bringen, die Mauer wird baufällig und unansehnlich.

Laubflächen Die dicke Laubschicht unter Gehölzen ist ein wertvolles Winterquartier. Am besten pflanzt man dort schatten- und laubverträgliche Stauden, sie sind attraktiv und brauchen langfristig am wenigsten Pflege.

Staudengarten Die Staudenstängel bleiben am besten über den Winter stehen, so bieten sie den überwinternden Wurzelstöcken ebenso wie Nützlingen das beste Winterquartier. In dichten Polsterstauden überwintern Marienkäfer gerne.

1. Wasser im Garten

_ *Vogeltränken zum Trinken & Baden*

_ *katzensicher anbringen*

_ *Wasser öfter wechseln*

Auf dem Land gab es früher nach Regenfällen wochenlang Pfützen, heute wird das ganze Regenwasser schnell abgeleitet. Vögel trinken besonders gerne Wasser aus flachen Schalen, wenn sie dabei eine gute Übersicht haben, ob sich Katzen oder andere Räuber nähern. Auch Insekten holen sich gerne mal einen kleinen Schluck.

ein Platz für Tiere

2. Nistkästen aufhängen

_ *unsere Gärten bieten zu wenig Brutplätze*

_ *Holzbeton lässt sich gut sauber halten*

_ *auch fantasievolle Formen sind möglich*

In herkömmlich gestalteten Gärten nisten Vögel am ehesten in Schnitthecken. Nistkästen mit unterschiedlich großen Fluglöchern – kleinere z. B. für Blaumeisen, größere für Kohlmeisen müssen vor Katzen und Mardern geschützt aufhängt werden. Noch größere Fluglöcher wünscht der Hausrotschwanz. Er bezieht auch gerne Nischen in Gartenhütten. Nistkästen sollten im Spätwinter ausgeräumt und ausgebürstet werden, am besten mit einer milden Kernseifenlösung. Das dezimiert die Rote Vogelmilbe, die bei massenhaftem Auftreten die junge Brut gefährdet.
Gärten mit vielen Beerensträuchern und Samenständen auf Blumenbeeten bieten Nahrung, eine Zusatzfütterung ist aber auch jederzeit möglich.

3. Hotel zur Biene

_ *Wildbienen leben nicht in Völkern*
_ *brüten in Erdröhren & Pflanzenstängeln*
_ *zusätzlich Bienenhotels bauen*

Mehrere Hundert Arten von Wildbienen gibt es bei uns. Sie legen je nach Größe ihre Eier in Mauerritzen oder offene Lochziegel, manche graben Röhren in den Boden. Seitdem alle Gebäude und Schuppen ordentlich verputzt und viele Gärten laufend von sämtlichen Pflanzenresten gesäubert werden, gibt es nicht mehr so viele Brutplätze. Daher werden Insektenhotels gerne angenommen. Röhren und Hohlräume werden von hinten bis vorne für mehrere Brutkammern hintereinander genutzt. Jede belegte Kammer erhält ein Pollenpaket. Beim Schlupf heißt es dann: Immer schön der Reihe nach. Wildbienen gehören zu den wichtigsten Bestäubern von Obstbäumen und Beerensträuchern.

4. Alte Bäume

_ *Borke bietet vielen Insekten Unterschlupf*
_ *im Totholz entstehen Nisthöhlen*
_ *schaffen Raum & Atmosphäre*

Das dichte Astgewirr älterer Bäume bietet Vögeln mehr und sichereren Aufenthaltsraum als junge Gehölzen. Ältere Gehölze blühen oft üppig und bieten somit auch vielen Insekten Nahrung und Unterschlupf, was wiederum von der Vogelwelt geschätzt wird. Bäume nehmen gerade in kleinen Gärten kaum Platz weg. Sie schaffen im Gegenteil Platz für gemütliche Sitzplätze, für Staudenbeete im Halbschatten oder für Arbeitsräume wie den Kompostplatz oder den Tisch fürs Umpflanzen.
Muss doch mal ein Stamm weichen, lässt man ein Stammstück in der Staudenpflanzung im Schatten liegen. Es entwickelt sich innerhalb weniger Jahre zum eigenen Biotop.

Balkon-Garten

Blumen und Kräuter, Gemüse und Obst wachsen nicht nur im Garten, sondern auch auf dem Balkon.

So kommt jeder, der keinen eigenen Garten besitzt, in den Genuss knackiger Tomaten, süßer Erdbeeren und würziger Kräuter. Aber auch im Garten lohnt sich der Anbau in Töpfen in der Nähe des Sitzplatzes auf der Terrasse. Basilikum ist vor Schnecken sicherer, Paprika gedeiht an der warmen Hauswand besser als im Garten und Tomaten sind unter dem Vordach vor Regen und damit vor der Krautfäule geschützt.

Blumen am Sitzplatz sind wir gewohnt, Kräuter und Gemüse sind oft ebenso dekorativ und nützlich sowieso. Obstgehölze auf dem Balkon wachsen und gedeihen, die richtige Pflege vorausgesetzt, viele Jahre lang und blühen und fruchten reich.

Große Gefäße mit hochwertigem Substrat

Gefäß Je größer das Gefäß, desto besser. Bei größerem Wurzelraum ist die Wasser- und Nährstoffspeicherung höher und umso geringer ist die Gefahr von »Durststecken« für die Pflanzen, die ohne den großräumigen Gartenboden auskommen müssen. Der Vorteil: Die Gießabstände können größer sein. Weil Staunässe für die meisten Pflanzen zum Faulen der Wurzeln und damit zum Absterben der Pflanze führt, müssen die Gefäße ein Abzugsloch für überschüssiges Wasser besitzen. Bauchige Gefäße erschweren das spätere Umtopfen, leicht konisch zulaufende sind besser. Kästen mit Wasserreservoir muss man nicht so oft gießen, im Winter vernässen sie jedoch leicht.

Substrat Gute Substrate speichern mehr Nährstoffe und Wasser, zugleich bleiben sie auch nach dem Gießen luftig. Die Wurzel benötigt nämlich jederzeit auch Sauerstoff. Sehr fein strukturierte Erden haben oft hohes Wasserspeichervermögen, allerdings sind sie sehr dicht und wenig luftig. Ein gewisser Anteil gröberer Teile sichert die Sauerstoffversorgung der Wurzel, zu hohe Faseranteile mindern jedoch die Wasserspeicherung. Sehr gute Voraussetzungen bietet Weißtorf, daher wird er immer noch so häufig eingesetzt. Er ist auch in vielen Bio-Erden enthalten, wenngleich in reduziertem Mengenanteil. Gartenerde, eingefüllt in Balkonkästen, bietet bei gleichem Volumen nur einen Bruchteil der Wasser-, Nährstoff- und Luftmengen im Vergleich mit speziell zusammengesetzten Substraten. Außer bei Gehölzen in sehr großen Gefäßen ist daher ein Zumischen von Gartenerde nicht ratsam.

Beste Grundlage für Balkon & Terrasse

Fast alle Gartenpflanzen lassen sich auch in Gefäßen ziehen, größere Gehölze und Wurzelgemüse brauchen natürlich sehr große und tiefe Gefäße. Am besten in Töpfen wachsen Kräuter aller Art, Fruchtgemüse, nicht allzu hochwüchsige Blumen und Stauden sowie Beerensträucher.

Torffreie Substrate Wer auf torffreie Substrate Wert legt, muss die gesamte Zutatenliste auf der Rückseite des Beutels überprüfen. Profisubstrate müssen diese Deklaration tragen. Die Kennzeichnung als Bio-Erde genügt nicht, weil die Bio-Richtlinien einen reduzierten Torfanteil zulassen. Die Kultur in torffreien Substraten ist etwas aufwendiger, aber durchaus möglich. Die Wasser- und Nährstoffbevorratung übernimmt der Kompostanteil. Qualitätskomposte dürfen keinen zu hohen pH-Wert haben, und nicht zu viel Salze enthalten, aber dennoch hohe Werte an Pflanzennährstoffen. Da Kompost aber sehr nährstoffreich (und damit nährsalzhaltig) ist, ist sein Anteil meist gering. Vorbehandelte Holzfasern, Rindenkompost oder Kokosfasern in passenden Volumenanteilen übernehmen den »luftigen« Teil. Allerdings ist ihr Volumenanteil höher, und dadurch sinkt wieder die Wasserspeicherfähigkeit. Auch hochwertiger Rindenhumus und Holzfasern zersetzen sich im Laufe der Zeit langsam und brauchen dazu Stickstoff. In torffreien Substraten leiden die Pflanzen daher schneller an Stickstoffmangel. Für den kundigen Gärtner ist das kein Problem: Er beginnt früher mit der Stickstoff-Nachdüngung und muss auch im weiteren Jahresverlauf öfter düngen. Komposthaltige Erden dürfen ohne weiteres mit feinem Hornmehl versorgt werden. Gut geeignet ist auch Vinasse.

1. In den ersten Wochen nach der Pflanzung nicht düngen.
2. Sobald sich nach 3 – 5 Wochen die unteren Blätter leicht hellgrün färben, düngen Sie nach.
3. Dazu feines Hornmehl in die Erdoberfläche einmischen, oder mit Vinasse gießen.
4. Bei älteren Gefäßen durch Austopfen Wurzeln prüfen: Sie müssen weiße Spitzen haben.
5. Bleibt unklar, was den Pflanzen fehlt, hilft oft Umtopfen in neues Substrat.

1. **Zimmerlauch**

_ *blüht ununterbrochen*

_ *überwintert problemlos*

_ *lässt sich nach Bedarf im Frühjahr teilen*

Die fein geschnittenen jungen Blätter bringen frische Knoblauchwürze in alle Kräuterzubereitungen. Der Knoblauchduft macht sich erst bemerkbar, wenn man die Pflanze anschneidet. Die unverletzte Pflanze riecht nicht. Im Winter steht Zimmerlauch in einem kühlen, hellen Raum. Die Erde soll eher trocken, aber nie ganz ausgetrocknet sein. Vor dem Austrieb der grasartigen Blätter topft man um.

2. **Zitronenverbene**

_ *Zitrusduft bei jeder Berührung*

_ *holziger Kleinstrauch*

_ *hält sich als Kübelpflanze jahrelang*

Die Zitronenverbene erhält man oft als Kräutertöpfchen. Sie bekommt einen größeren Topf und wächst dann wie ein kleiner Strauch buschig heran. Am Ende der Triebe zeigen sich im Spätsommer kleine, weiße Blütenbüschel.

Vor den ersten Frösten wird der Strauch um die Hälfte zurückgeschnitten und hell und kühl überwintert. Die Verbene kann schon ab April wieder ins Freie, wenn sie vor Frostnächten wieder kurz ins Haus geholt wird. Die länglichen Blättchen eignen sich als Dekoration von fruchtigen Süßspeisen und Salaten.

ernten
im Sitzen

3. Tomaten

_ *Balkontomaten wie Geranien pflegen*
_ *Balkontomaten nicht ausgeizen*
_ *Stabtomaten in große Kübel pflanzen*

Von kleinwüchsige Balkontomaten darf man die Seitentriebe nicht entfernen, ihre Pflege ist so einfach wie die von Balkonblumen. Der Haupttrieb der meisten Gartentomaten wird dagegen meterlang. Solche Stabtomaten brauchen große, 15 bis 20 Liter fassende Kübel und eine Anbindemöglichkeit (Stab, Schnur). Ihre Seitentriebe werden laufend ausgebrochen. Kirschfrüchtige Stabtomaten können aber auch in Mörtelkübeln aus dem Baumarkt als Ampeln mit kaskadenartigen Wuchs gezogen werden. Wichtig: Wasserabzugslöcher. Nicht vergessen. Im Unterschied zu aufgeleiteten Tomaten bricht man aus solchen Ampelpflanzen keine Seitentriebe aus.

4. Erdbeere

_ *öfter tragende Sorten ideal für Kübel*
_ *brauchen sehr lockeres Substrat*
_ *unbedingt Staunässe vermeiden*

Monatserdbeeren bringen das früheste Obst auf dem Balkon. Viele Sorten bilden im Lauf des Sommers an neu gebildeten Ablegerpflänzchen immer wieder neue Früchte. Breite Balkonkästen erleichtern die Pflege. Eine reiche Ernte gibt es nur bei gleichbleibend leicht feuchtem Substrat, denn Erdbeeren reagieren sehr empfindlich auf Staunässe. Gute Sorten für die Topfkultur sind 'Mara de Bois', 'Ostara' oder 'Selva'.
Wer sich Obstgehölze auf den Balkon holt, sollte bedenken, dass sie über Jahre hinweg gegossen und gedüngt werden müssen. Wo der Kübel sich im Sommer nicht allzu sehr erhitzt, sind Herbsthimbeeren ('Autumn Bliss', 'Polka') sowie Tafeltrauben Obstarten mit sehr lang anhaltender Ernteperiode.

Gut versorgt: Balkonlieblinge

Balkongewächse sind voll und ganz auf unsere ständige Fürsorge angewiesen. Ein gutes Substrat und vor allem eine automatische Bewässerung erleichtern vieles. Dann erleben wir hautnah Wachsen und Gedeihen »auf Augenhöhe« mit.

Gießen Große Gefäße und hochwertige Substrate erleichtern die Wasserversorgung. Sind die Töpfe und Kästen erst einmal ausgetrocknet, lassen sie sich nur schwer wieder befeuchten. Oft hilft das Eintauchen der ganzen Gefäße am besten – so lange, bis nur noch wenige Blasen auftreten. Untersetzer helfen Wasser sparen.

Automatische Bewässerung

1. Praktisch: Ein Wasseranschluss. Über ein V-Stück wird z. B. der Tropf-Blumat angeschlossen.

2. Druckminderer, Zuleitungen und Tonkegel installieren, Tropfer zudrehen.

3. Am nächsten Tag Tropfer vorsichtig aufdrehen, Tropfmenge an den Bedarf anpassen. Dann ein paar Tage lang intensiv beobachten.

4. Bei einem Kurzurlaub reicht es, wenn die Nachbarn alle paar Tage kontrollieren.

Jedoch müssen Sie Wasser, das eine Viertel Stunde nach dem Gießen noch im Untersetzer steht, abgießen, sonst kommt es zu Staunässe.

Düngen Gute Substrate besitzen eine Grundausstattung an Nährstoffen. Üblicherweise bepflanzt man im Frühjahr seine Gefäße. Etwa sechs Wochen nach dem Einpflanzen arbeitet man 5 g Hornmehl pro Liter Gefäßinhalt oberflächlich ein. Bei starkwüchsigen Pflanzen wiederholt man das sechs Wochen später. Ab August düngt man nicht mehr, das würde die Überwinterung erschweren. Anstelle von Hornmehl eignen sich auch Bio-Dünger wie Maltaflor oder organische Balkonblumendünger. Sie können um bis zur Hälfte höher dosiert werden.

Überwintern Im Herbst bleiben auch nicht frostharte Gewächse so lange wie möglich draußen. Vor Frostnächten holt man sie vorübergehend herein, oder man stellt sie dicht an die Hauswand und überdeckt sie mit dickem Vliesstoff oder alten Vorhängen. Bevor die Temperaturen auf unter −5 °C sinken, holt man südliche Gewächse endgültig ins Haus, schneidet sie dabei zurück und stellt sie im kühlsten Raum im Haus auf. Winterharte Gehölze und Kräuter gräbt man im Garten mitsamt der Gefäße ein. Wer keinen Garten hat stellt sie direkt an die Wand und umhüllt die Topfballen mit reichlich Sackleinen, Noppenfolie oder anderem Dämmmaterial. Winterharte Gewächse vertragen keine schnellen Temperaturwechsel. Zugleich dürfen sie weder vernässen noch völlig vertrocknen.

Umtopfen Ab März beginnen sich die meisten Gewächse wieder spürbar zu regen. Prüfen Sie durch Anheben des Ballens aus dem Topf, ob die Wurzeln sehr dicht sind, dann wird in einen um 4 cm größeren Topf (Durchmesser) umgetopft. Nach dem Angießen hell stellen, damit die Neutriebe kurz und kräftig bleiben.

1. Ein praktisch eingerichteter Arbeitsplatz erleichtert viele Gartenarbeiten.

2. Sie brauchen eine glatte Tischfläche, Töpfe verschiedener Größen, nährstoffarmes Vermehrungssubstrat (Anzuchterde) und gute Pflanzerde.

3. Flache Kunststoffschalen braucht man zur Stecklingsvermehrung.

4. Sehr praktisch zur Aussaat und zum Pikieren sind Multitopfplatten in verschiedenen Größen.

Aller Anfang ist leicht!

Bio-Gemüse für Einsteiger

Der Gemüsegarten mit seinem schnellen Wechsel der Kulturen, der Aussaat, Pflanzung und Ernte zeigt eindrucksvoll das Wachsen, Blühen und Fruchten der Natur auf. Der eigene Anbau bereichert unsere Küche mit einer Fülle an Farben, Formen und Aromen.

Lieblingsgemüse schmeckt immer gut

1. Klassische Tomate

_ *Lieblingsgemüse der Deutschen*
_ *am wichtigsten ist Regenschutz*
_ *einige Sorten brauchen kein Regendach*

Pflanzen mit stets trockenem Laub bleiben am längsten gesund. Am besten sind breit ausladende und luftige Überdachungen. In zu dichten Tomatenhäusern führt Schwitzwasser oft zu Krautfäule. Wer kein Dach hat, baut die Kirschtomate 'Philovita F1' oder die längliche 'De Berao'. Nur Sorten ohne F1-Zusatz lassen sich durch Samen sortenrein vermehren.

2. Tomatenvielfalt

_ *es gibt weit über 3000 Sorten*
_ *die kleinen sind meist geschmackvoller*
_ *Fleischtomaten werden später reif*

Normal große Sorten sind am ertragreichsten, früher reifen Cocktail-Tomaten, länger brauchen Fleischtomaten. Säurearm und ideal für Soßen und Pizza sind Roma-Typen, ideale Naschtomaten sind die Datteltomaten. Tomaten wachsen bei guter Pflege meterlang. Sie behalten immer nur eine Triebspitze, alle Seitentriebe werden entfernt (ausgegeizt).

3. Zucchini

_ *Ende April in Töpfchen am Fenster aussäen*
_ *Mitte Mai auspflanzen, Abstand 80 cm*
_ *gut wässern & düngen*

Es gibt die traditionell grün-gefleckte Sorten, daneben auch gelbe, kugel- oder flachrunde. Besonders viel Dünger braucht die Sorte 'Black Forest'. Sie wird 2 m lang, am besten angebunden an einen starken Pfahl. Zucchini sehr jung ernten, dann sind sie zart und wohlschmeckend. Bei kaltem Sommerwetter setzen die Pflanzen oft zuerst besonders zahlreiche männliche Blüten an.

4. Kartoffeln

_ *frische Frühkartoffeln sind eine Delikatesse*
_ *mit Vortreiben & Vlies noch früher*
_ *bunte Sortenvielfalt*

Ab Mai erhält der Boden Kompost (3 l/m²) und 50 g Hornmehl, dann kommen die Kartoffeln im Abstand von 30 cm etwa 5 cm tief in die Erde. Auf ein Beet passen zwei Reihen, später wird zweimal aufgehäufelt und jeweils nochmals 50 g Hornmehl eingearbeitet. Die erste Ernte nach einer »Probeschürfung«, wenn sich das Laub hellgrün verfärbt hat, schmeckt besonders gut.

1. **Zuckermais**

_ *supersüße Sorten schmecken am besten*
_ *Saat im Mai, am besten unter Vlies*
_ *Ernte im August bis September*

Der pflegeleichte Zuckermais braucht nach der Aussaat im Mai (Reihenabstand 60 cm, Pflanzabstand 15 cm) kaum Pflege. Geerntet wird, wenn die Körner gerade ausgewachsen sind. Die imposanten Stängel dienen als Sichtschutz. Immer zwei oder drei Reihen anbauen, damit sich die Pflanzen gegenseitig bestäuben können.

2. **Stangenbohne**

_ *mehrere Körner je 2 cm tiefes Saatloch*
_ *grüne Hülsen frühzeitig & häufig ernten*
_ *ausgewachsene Körner weich als Gemüse*

Für Mittelgebirgslagen sind robuste Feuerbohnen ideal, in milderen Klimaten tragen Stangenbohnen reicher. Beide ranken 2–3 m hoch und eignen sich auch als Sichtschutzwand am Spalier. Feuerbohnen blühen rot, selten weiß, Gartenbohnen weiß, gelb oder violett, sie bringen grüne, violette oder gelbe (Wachsbohnen) Hülsen hervor. Violette Bohnen färben sich beim Kochen dunkelgrün. Bohnen enthalten Phasin das die Verdauung stört, zunächst aber zu Übelkeit führt. Durch Kochen wird das Phasin, ein Eiweißstoff, zerstört, dann sind die Bohnen gut bekömmlich. Buschbohnen werden zu drei Reihen je Beet angezogen, sie bringen frühere Ernten als Stangenbohnen.

fruchtiges Sommergemüse

3. Kürbis

_ *besonders pflegeleichte Kultur*
_ *braucht viel Platz, ca. 1 m² pro Pflanze*
_ *Kompost fördert den Wuchs*

Jungpflanzen werden gerne von Schnecken gefressen. Notfalls hält man die Pflanzen länger im Topf, werden sie zu groß, wird nochmals umgetopft. Es gibt drei Kürbisgruppen: Gartenkürbisse, die mit Zucchini eng verwandt sind und zu denen auch viele Zierkürbisse gehören, Riesenkürbisse, zu denen die handlichen und beliebten Hokkaidos gehören, und die geschmackvollen, aber etwas wärmebedürftigeren Moschuskürbisse wie den 'Early Butternut' und 'Muscade de Provence'. Letztere brauchen eine sorgfältige Anzucht und einen wirklich vollsonnigen Platz im Garten, um richtig ausreifen zu können. Abreifende Kürbisflächen sind wenig dekorativ, daher besser im Hintergrund anlegen.

4. Physalis

_ *Pflege wie Tomaten*
_ *kann aber überwintert werden*
_ *ideale Wintergartenpflanze*

Die Anzucht erfolgt wie bei Tomaten. Sie können sogar ausgepulte und getrocknete Samen aus gekauften Früchten aussäen. Nach der späten Blüte im September setzen die Pflanzen reichlich Früchte an, die dann leider oft den ersten Frösten zum Opfer fallen. Sie können vor dem ersten Frost kräftige Pflanzen abschneiden und in Kübel eintopfen, die dann frostfrei überwintern. Sie fruchten im nächsten Jahr schon 4 – 6 Wochen früher als frisch angezogene Pflanzen.
Im kühlen, aber frostfreien Wintergarten reifen alle im Herbst angesetzten Früchte zuverlässig aus, sodass es den ganzen Winter über etwas zu Naschen gibt.

1. **Erbse**

_ *Lieblingsgemüse von Kindern*

_ *Sorten für Ernten von Mai bis Juli*

_ *Zuckererbsen brauchen mehr Pflege*

Wer die kälteverträglicheren Palerbsen ab März und die ertragreicheren Markerbsen ab April aussät, kann von Juni bis Juli ernten. Am besten schmecken die Körner, wenn sie ausgewachsen, aber noch weich sind. Zuckererbsen haben besonders zarte Hülsen, die mitgegessen werden. Man sollte sie zwei bis dreimal wöchentlich durchpflücken.

2. **Möhre**

_ *'Nantaiser' sind gute Allround-Sorten*

_ *Saftmöhren reifen später, werden dicker*

_ *bunte Möhren sorgen für Abwechslung*

Im März erfolgt die Aussaat für die Ernte im Frühsommer, ab Ende Mai für die Herbsternte. Am besten keimen Möhren, wenn der Grund der 2 cm tief gezogenen Rillen feucht ist. Das Saatgut wird vor dem Verfüllen der Rillen gut angedrückt. Erfahrene Gärtner geben einzelne Radieschensamen mit in die Reihen. Sie keimen schon nach wenigen Tagen und zeigen den Verlauf der Saatrille an. Oft muss man nämlich bis zum Keimen der langsameren Möhrensamen zwischen den Reihen zur Unkrautbekämpfung durchhacken. Wer schöne Möhren will, entfernt alle überzähligen Keimlinge, sodass nur alle 2 cm eine Möhre steht. Violett oder gelb gefärbte Sorten sorgen für Abwechslung.

jung & knackig!

3. Salat

_ *Schnittsalat wächst extrem schnell*

_ *Eichblattsalat ist der robusteste Salat*

_ *mehltau- & blattlausresistente Sorten*

Gleichzeitig mit der ersten Pflanzung zuge-kaufter Setzlinge von Kopf- und Eichblattsalat (gibt es in Hellgrün und Rot) im März können Sie auch Saatgutreste von Salaten bunt ge-mischt in eigene Rillen im Abstand von 1 cm säen. Ab 12 cm Wuchshöhe schneidet man die Blätter ab und nutzt sie als »Baby-Leaf« oder Schnittsalat. Wer beim Schnitt das Herz verschont, kann nach zwei bis drei Wochen nochmals ernten. Inzwischen sind dann auch die ersten Setzlinge vom Kopfsalat schnittreif. Im Sommer sollten Sie die schossfesten Romana-Salate anbauen. Sie sind fast so knackig wie Eissalat, aber nicht ganz so begehrt bei Schnecken.

4. Radieschen

_ *Frühjahr- & Herbstsorten, Sommersorten*

_ *Sorten in Rot, Rot-Weiß, Weiß, Violett, Gelb*

_ *am besten gelingen Frühjahrssaaten*

Bei gleichmäßiger, mittlerer Bodenfeuchte wachsen die schönsten Radieschen. Bei wechselhafter Nässe und Trockenheit platzen die Wurzeln oft auf und bei zunehmender Trockenheit nimmt die Schärfe zu. Kinder essen nur sehr mild schmeckende Radies-chen. Obwohl es spezielle Sorten für den Sommeranbau gibt wie 'Parat' sät man Radieschen daher am besten nur im Frühjahr. Die ersten Aussaaten bedeckt man mit Vlies. So bleiben die Wurzeln besonders zart, reifen etwas früher und sind geschützt vor der Kohlfliege, deren Maden als »Würmer« den Genuss der Radieschen verleiden können. Die Keimlinge dünnt man auf 3 cm Abstand aus, zu dicht stehende schießen noch vor der Knollenbildung.

Die Zuverlässigen: gelingen immer

1. Mangold

_ *ideal für sommerliche Spinatgerichte*
_ *farbenprächtige Stielmangoldsorten*
_ *Blattmangold 'Lukullus' ist der Zarteste*

Das hellgrüne Blatt von 'Lukullus' kann von August bis Oktober geerntet werden. Dann schneidet man alle Blätter 3 cm über dem Boden ab. 'Lukullus' überwintert und treibt im März nochmals Blätter, bevor er schießt und Samen bildet. Den empfindlicheren, buntstieligen, jedoch weniger ertragreichen Stielmangold erst Ende Mai säen.

2. Rote Bete

_ *Saat im April/Mai*
_ *Wurzelernte ab August bis Oktober*
_ *runde, längliche, rote, gelbe, weiße Sorten*

Rote Bete wachsen im Sommer ohne viel Pflege. Ab September beginnt die Ernte, vor anhaltendem Frost geben Sie alle Wurzeln in eine große Plastiktüte. Im kühlen Keller halten sie so bis März. Ein Kochtopf voll Rüben ist nach ca. 40 min gar. Nach dem Abkühlen in den Kühlschrank stellen und täglich eine Portion als Salat zubereiten.

3. Pastinake

_ *aromatische, dicke, weiße Wurzeln*
_ *pflegeleichter & zuverlässiger als Möhre*
_ *überwintert im Beet, daher Ernte bis März*

Nur neues Saatgut im März säen. Im Sommer machen die dicht beblätterten Beete keine Arbeit. Die Ernte dauert von September bis März, unterbrochen nur von Dauerfrost. Mit dem Austrieb ab März werden die Wurzeln zäh und fade. Am besten schmeckt Waldorfsalat: Wurzeln raspeln, mit Zwiebel, säuerlichem Apfel, Nüssen und Salatsoße mischen.

4. Chicoreé

_ *begrünt die Beetfläche pflegeleicht*
_ *Wurzelernte & sofort treibfertig machen*
_ *nitratarmer, eigener Wintersalat*

Pro Beet im Mai drei Reihen Chicoreé (Sorte 'Zoom F1') säen, später auf 10 cm vereinzeln. Der dicht beblätterte Bestand braucht ab Juli keine Pflege mehr. Im Oktober stellt man die entblätterten Wurzeln Kopf an Kopf mit etwas Erde in große Eimer. Diese »Treibeinheiten« kommen in den kalten Keller. Drei Wochen vor der Ernte gießt man die Wurzeln und stellt sie bei genau 16 °C im Dunkeln auf.

1

Einmal pflanzen – jahrelang ernten

2

3

1. Meerrettich

_ *dekorative, weiß blühende Staude*
_ *entweder arbeitsintensiver Profianbau*
_ *oder pflegeleichte Anbauvariante*

Der Profi legt bleistiftförmige Wurzelstücke schräg in den Boden. Die daraufhin zahlreich austreibenden Seitenwurzeln im unteren und Blatttriebe im oberen Teil müssen mehrmals »abgerieben« werden. Die untersten Wurzeln werden nicht freigelegt, nur der oberste Trieb bleibt erhalten. Bis Herbst wachsen so die bekannten, dicken Kren-Wurzeln. Für den gelegentlichen Bedarf pflanzt man einfach eine Pflanze zwischen andere Stauden. Im Lauf der Jahre entwickelt sich ein dicker Wurzelstock. Er nimmt die gelegentliche Entnahme eines seitlichen Wurzelstückes nicht übel.

2. Rhabarber

_ *gehört als erstes Gemüse in jeden Garten*
_ *Erste Ernte im April, dann bis Juni*
_ *Pflanzen ziehen im Hochsommer ein*

Junge Pflanzen kauft man zu oder man lässt sich im Sommer bis Herbst ein Teilstück vom Nachbar schenken. Rote Sorten, deren Stiele innen überwiegend grün sind wie 'Holsteiner Blut', sind weniger ertragreich als grünschalige Sorten. Sogenannter Himbeer-Rhabarber, dessen Stängel auch innen tiefrot sind, ist nicht zuverlässig winterhart. Sehr wüchsige, grüne Sorten treiben oft Blütenstängel, die man aber frühzeitig abschneiden sollte. Nach dem Ernteschluss im Juni bilden sich imposante, große Blätter, die im Spätsommer oft verbräunen. Und deswegen im Hintergrund stehen, wo er im sommerlichen Garten nicht mehr so auffällt.

3. Grünspargel

_ *Jungpflanzen im April pflanzen*
_ *erste kleine Ernte im nächsten April*
_ *ab dem dritten Jahr Ernte bis Anfang Juni*

Der Einstieg ist zwar etwas mühsam, dafür gibt es lang reiche Ernten des edlen und seltenen Gemüses. Grünspargel ist wesentlich pflegeleichter, außerdem vitaminreicher und schmackhafter als Bleichspargel. Zur Bodenvorbereitung einen 25 cm tiefen Graben ausheben, am Grund lockern, etwas Kompost einarbeiten und die Jungpflanzen so einlegen, dass die Knospen 15 cm unter der Bodenoberfläche liegen. Gräben nur zur Hälfte verfüllen. Im zweiten Jahr die Erde eben ziehen, je Pflanze ein bis zwei Stangen schneiden. In den Folgejahren alle Stangen mit 25 cm Länge am Boden abschneiden – bis Anfang Juni. Wichtigste Arbeit ist die Unkrautbekämpfung während der Ernte. Erst im November schneidet man alle vergilbten Grüntriebe am Boden ab.

1. Es gibt auch violetten Spargel ('Violetta'). Er behält jedoch nur als Rohkost seine Farbe.
2. Spargelhähnchen und -käfer mit daruntergehaltenem Eimer einsammeln. Sie legen ihre schwarze Ei-Stäbchen auf junge Triebe.
3. Rhabarbergerichte immer mit Milchprodukten wie Sahne, Quark oder Butter zubereiten.
4. Meerrettich-Stücke nicht auf den Kompost geben. Jedes Teilstück treibt aus!

Fruchtwechsel

Viele Gemüse werden an den Wurzeln von Schadpilzen oder tierischen Organismen wie den unsichtbaren Fadenwürmern befallen. An Möhren verursachen bestimmte Nematoden bei mäßigem Befall auffällig gekräuselte Seitenwürzelchen, bei stärkerem Befall wird es selbst bei guter Pflege nur noch kümmerliche Möhren geben. Leider überleben diese Schädlinge auch ein paar Jahre im Boden und warten nur darauf, dass »ihre« Kultur wiederkommt. Weil im Lauf der Zeit aber doch immer mehr absterben, genügt es in Gärten, wo diese Erreger nicht störend in Erscheinung treten, darauf zu achten, dass dasselbe Beet erst nach drei, besser nach vier Jahren wieder mit derselben Kultur bebaut wird. Auf befallenen Beeten muss man mehr als sechs Jahre warten.

Planwirtschaft im Garten Jährliche Aufzeichnungen über die Hauptkultur, das ist die im Jahresablauf am längsten stehende Kultur auf einem Beet, lohnen sich auf jeden Fall. Dazu genügt eine Tabelle auf einem großen Karton, der in der Gerätehütte Platz findet. In der ersten Spalte steht die Liste aller Beete, in die weiteren Spalten werden die Jahre eingetragen. So lässt sich auch nach ein paar Jahren ablesen, welche Kultur im Vorjahr oder vor zwei Jahren auf welchem Beet stand und der Fruchtwechsel kann genau eingehalten werden. Dies ist besonders wichtig, wenn es Lieblingsgemüse für die Familien gibt, z. B. begeisterte Bohnen- oder Kohlfreunde. Wenn keine Pflanzenfamilie unverhältnismäßig oft vertreten ist, kann man einfach alljährlich kunterbunt anbauen. Wenn keine Pflanzenfamilie zu mehr als einem Viertel vertreten ist, ergibt sich oft eine ausreichende Anbaupause auf jedem Beet ganz von selbst. Ein gezielter Fruchtwechsel bedeutet eine bunte Mischung der Kulturen im Laufe der Zeit.

5 Fakten zur Beetanlage

1. Sie erleichtern sich die Arbeit sehr, wenn Sie Ihr Gemüse in maximal 1,20 m breiten Beeten anbauen (größere Personen bis 1,30 m, kleinere ca. 1,10 m).
2. Zwischen den Beeten sorgen 30 cm breite Wege für eine gute Zugänglichkeit, ohne dass Sie die Beete betreten müssen und dabei verdichten.
3. Profis stellen ihre Füße stets längs der Wege oder notfalls etwas schräg, jedoch niemals quer zum Weg.
4. Lattenroste oder Bretter auf den Wegen halten die Beete auch bei Nässe gut zugänglich.
5. Hauptwege, die häufiger begangen oder befahren werden, sollten mit Platten befestigt und mindestens so breit wie eine Schubkarre sein.

Gemüsepflege leicht gemacht

Dass sich Zwiebelfliegen nicht von daneben angebauten Möhren stören lassen, beobachten viele Gärtner missbilligend. Andererseits führt ein guter Pflegezustand sehr häufig zum Erfolg. Hinter dem berühmten »Grünen Daumen« steckt oft einfach etwas Gärtnerwissen und Erfahrung.

Mischkulturen zur Schädlingsabwehr sind keine Allheilmittel und zeigen auch nicht immer den gewünschten Erfolg. Die am meisten gelobte Mischung von Zwiebel und Möhre passt schon vom Wasserbedarf her nicht zusammen. Wenn die Zwiebeln trocken abreifen sollen, hat die Möhre ihren höchsten Wasserbedarf und sollte gegossen werden.

Dennoch erlauben gezielte Mischkulturen einen platzsparenden Anbau und haben somit ihre Berechtigung. In die Lücken von Kulturen mit weitem Reihenabstand und langsamer Jugendentwicklung passen schnelle Kurzkulturen. Zwischen Zuckermais, Sellerie oder Paprika passen zwei Reihen Kresse oder eine Reihe Radieschen bzw. Schnittsalat. Wenn Sie bei der frühen Erstkultur ein Beet mit 5 Reihen anlegen, bringen Sie Salat oder Rettich mit über 6 Wochen Standzeit in die 1., 3. und 5. Reihe, in die 2. und 4. Reihe kommen schnelle Radieschen oder Gartenkresse. In diese beiden Reihen können Sie dann nach der Ernte dieser Kurzkulturen ab Mitte Mai Tomaten oder Paprika pflanzen, während sie noch gemütlich Tag für Tag Salat und Rettich ernten. Sobald die Sommergemüse Fuß gefasst haben, sollten zu dicht stehende Nachbarreihen zügig Platz machen. Von Pastinaken und Chicoreé passen üblicherweise drei Reihen auf ein Beet. In die Zwischenreihen sät man daher Gartenkresse oder Schnittsalat. Sie sind abgeerntet, wenn sich die Hauptkultur breit macht.

1. Stickstoffmangel lässt Gemüse langsam wachsen, es bleibt klein und zäh oder schießt auf.
2. Zu viel Stickstoff erhöht bei Blatt-, Kohl- und Wurzelgemüsen den Nitratgehalt, mindert Geschmack und Haltbarkeit.
3. Auch mit organischen Düngern können Sie überdüngen!
4. Gemüse hat ab dem späten Vormittag niedrigere Nitratgehalte als frühmorgens.
5. Tageslicht baut Nitrat ab, daher ernten, wenn das Gemüse noch knackig, aber nitratreduziert ist.

Ofenkartoffeln

Kleine Kartoffeln mit Schale halbieren, Schnittflächen abtrocknen, mit flüssiger Butter bepinseln und mit Kümmel oder Rosmarin bestreuen, 40 Minuten im Ofen auf einem Blech mit Backpapier backen, fertig. Nach Bedarf salzen.

Gedünsteter Salat

Was nicht als Rohkost auf den Tisch kommt, wird kurz in Salzwasser »al dente« gekocht, dann mit einer üblichen Vinaigrette (Essig, Öl, Salz, Pfeffer) und Zwiebelwürfelchen angerichtet. Passt für Bohnen (Feta oder angebratene Speckwürfel zugeben), Rote Bete (länger kochen, Kümmel zugeben) oder Blumenkohl und Brokkoli.

Kürbissüppchen

Für eine Suppe 30 g Butter erhitzen, 1 fein gewürfelte Zwiebel darin andünsten und 600 g Kürbis grob gewürfelt anbraten, mit 500 ml Hühnerbrühe aufgießen, gar kochen lassen und mit einem Mixstab fein pürieren. Anschließend ein paar Lauchstreifen zugeben, mit Salz, Pfeffer und etwas Muskat abschmecken und noch einmal aufkochen. Hitze wegnehmen, sofort 125 ml Sahne, in der zwei Eigelb verquirlt wurden, zugeben, nicht mehr aufkochen lassen. Teller mit Kürbiskernöl und Sahnetupfen verzieren. Ähnlich gelingt Suppe aus Radieschengrün oder Kresse: Dafür anstelle Kürbis zwei handvoll Kresse oder Radieschenblätter andünsten, nach dem Pürieren etwas Wein zugeben, übrige Zubereitung und Zutaten wie oben. Teller mit in Butter gerösteten Weißbrotwürfeln bestreuen.

Gemüse lecker zubereitet

Gemüse ist auch in größeren Mengen gesund, wenn bei der Zubereitung nicht allzu viel Fett hinzukommt. Mittelmeeranwohner essen drei mal so viel Gemüse wie Mitteleuropäer.

Zum Einfrieren kurz blanchieren Ernteschwemmen bei Erbsen, Bohnen oder Spinat friert man am besten als Wintervorrat ein. Dazu gibt man das Gemüse kurz in kochendes Salzwasser, gießt es ab in ein Sieb und überbraust es sofort mit kaltem Wasser. Das Blanchieren hilft, die Qualität beim Einfrieren besser zu erhalten, durch das kalte Wasser bleibt die Farbe besser erhalten. Tomaten lassen sich ohne Vorbehandlung einfrieren. 10 Minuten nach dem Entnehmen lassen sie sich sehr leicht schälen und in Scheiben schneiden, z. B. für Pizza.

Wurzel- und Kohlgemüse im Freien lassen
Solange die Temperaturen im Oktober nur wenig unter Null absinken, bleiben diese Gemüse am besten unter einer Vliesabdeckung frisch. Bevor der Boden aber gefriert, wird geerntet. Mitsamt der anhaftenden Erde sammelt man die Wurzeln in großen Kunststoffbeuteln. Diese bleiben so lange wie möglich in einem kalten Schuppen oder in gedämmten Kisten im Schatten. Ideal lagern sie bei 2 °C im Freien besser als im meist zu warmen Keller. Erst bevor sie durchfrieren, holt man sie ins Haus, um sie schnell zu verbrauchen.

Ernte und Verwertung

1. Farbige Fruchtgemüse voll ausgereift ernten.
2. Geschmack und Vitamingehalt ist bei voll ausgereiften Früchten höher als bei unreif geernteten, dies gilt auch für Paprika.
3. Häufiges und frühzeitiges Durchpflücken bewirkt einen verstärkten Fruchtansatz bei Bohnen, Erbsen, Gurken.
4. Leicht aufgeschossene Salate, Rettiche oder Radieschen sind gut verwendbar, später werden die Blätter bei Salaten bitter, Wurzelgemüse faserig und zäh.

Duftende Küchen- & Heilkräuter

Küchenkräuter gehören einfach in jeden Garten, auch in den kleinsten. Besonders pflegeleicht sind die ausdauernden Gewürzstauden wie Melisse oder die mediterranen Halbsträucher wie Lavendel. Einige besonders beliebte Arten wie Petersilie oder Basilikum brauchen etwas mehr Aufmerksamkeit, dafür stehen sie dann aber jederzeit erntefrisch und griffbereit für die Küche zur Verfügung.

Mediterranes aus dem Garten

1. Lavendel

_ *duftiger Sommerblüher für volle Sonne*
_ *Würzkraut & Zierpflanze in einem*
_ *Rückschnitt hält die Pflanzen jung*

Den Rosenbegleiter gibt es mit blauen, weißen und rosa Blüten. Er passt in bunte Staudenbeete und ebenso gut in den Gewürzgarten. Lavendel verträgt keine Staunässe. Schopf-Lavendel mit seinen farbenprächtigen Hochblättern ist übrigens nicht immer frosthart, sollte also frostfrei überwintert oder jährlich nachgekauft werden.

2. Salbei

_ *fast ganzjährig dekoratives Laubwerk*
_ *grüne Sorten sind am würzigsten*
_ *auch gelbfleckige & violettblättrige Sorten*

Wo Lavendel gedeiht, fühlt sich auch Salbei wohl. Grünlaubige Sorten eignen sich am besten für die Küche. Man kann laufend und nach Bedarf einzelne Blätter ernten. Salbei blüht im Sommer üppig und lockt Hummeln und Bienen an. Nach der Blüte wird zurückgeschnitten. Buntlaubige Sorten blühen wenig oder gar nicht.

3. Thymian

_ *früher oder später blühende Arten*
_ *dekorativen Randgestaltung im Garten*
_ *gewöhnlicher Thymian am aromatischsten*

Den ganzen Sommer lang lassen sich die aromatischen Blätter und Triebspitzen frisch nach Bedarf abzupfen. Bevor die Knospenbildung einsetzt, erntet man alle Triebspitzen zur Trocknung für den Wintervorrat, dann schneidet man nochmals zurück. Der Neuaustrieb lässt sich nach ein paar Wochen in gleicherweise nutzen.

4. Berg-Bohnenkraut

_ *kleiner, immergrüner Halbstrauch*
_ *würziger als das einjährige Bohnenkraut*
_ *passt auch in trockene Blumenbeete*

Als wintergrüner Kleinstrauch wirkt er auch in der trockenen Staudenfläche dekorativ. Ein Rückschnitt im Frühjahr regt den Neuaustrieb an. Im Juni überzieht sich die Pflanze mit einem weißen Blütenschleier. Genutzt werden die Zweige vor der Blüte, zur Bohnenzeit dann wieder die nicht mehr blühenden Neutriebe nach der Blüte.

1. Basilikum

_ *klassisches Sommergewürz für Tomaten*
_ *besonders wärmebedürftig*
_ *am besten in Töpfen oder Balkonkästen*

Am wüchsigsten und ergiebigsten ist die Sorte 'Genoveser'. Daneben gibt es zahlreiche Arten und Sorten, z. B. kleinblättrige mit Zitrusduft. Langlebig und robust ist Strauch-Basilikum, mit rötlichen Blättern. Kälte und Nässe führen zu Pilzkrankheiten, hell und warm überwintern. Am Fensterbrett oder dem Balkon steht Basilikum vor Wind und Schnecken geschützt.

2. Petersilie

_ *wichtigstes Würzkraut*
_ *will einen jährlich wechselnden Standort*
_ *Schnitt meist über zwei Jahre möglich*

Aus Samen gelingt die Aussaat im zeitigen Frühjahr direkt ins Beet am besten. Petersilie kann auf dem Beet überwintern und bis zur Blüte im Frühsommer geerntet werden. Pflanzt man jährlich neue (nicht immer an derselben Stelle), kann man ununterbrochen ernten. Wird Petersilie zu oft auf demselben Beet angebaut, sind die Wurzeln, vor allem Keimlinge, durch Pilzkrankheiten gefährdet. Krause Sorten sind dekorativer und haltbarer, glatte Sorten aromatischer.

aus dem
Garten auf den Tisch

3. Minze

_ *erfrischend nicht nur bei Erkältungen*
_ *Sorten mit verschiedenen Fruchtaromen*
_ *wuchernde Sorten in Töpfen pflegen*

Ab Mai lassen sich die Blätter frisch nach Bedarf abpflücken. Bevor die Knospenbildung einsetzt, erntet man alle Triebspitzen zur Trocknung für den Wintervorrat, dann schneidet man nochmals kräftig zurück. Der Neuaustrieb lässt sich nach ein paar Wochen wieder ernten. Die 'Schokominze' gehört zu den echten Pfefferminzen. Säuglinge sollen keinen Pfefferminztee bekommen. Dagegen ist die süße, mentholarme Apfelminze mit wollig weichem Blatt bei größeren Kindern sehr beliebt. Minzen lassen sich durch ihre reichlich gebildeten Ausläufer einfach vermehren. Das Eintopfen der zurechtgeschnittenen Ausläufer macht auch Kindern, z. B. im Schulgarten, viel Freude, sie bilden zuverlässig Wurzeln, es gibt keine Enttäuschungen.

4. Stevia

_ *süßt Getränke & Süßspeisen zuckerfrei*
_ *liebt volle Sonne in Töpfen oder im Garten*
_ *überwintert in einem frostfreien Raum*

Ein einziges Blättchen, frisch oder getrocknet, süßt eine Tasse Tee. Die Anzucht aus Saatgut ist möglich, zuverlässiger ist der Kauf einer Jungpflanze, die sich im Garten oder auch in einem Kübel üppig entwickelt. Im Herbst wird zurückgeschnitten, der Topf steht dann im Winter am besten bei etwa 10 °C. Der Ballen soll nur leicht feucht sein, aber nicht vollständig austrocknen. Ab März zeigen sich die neuen Triebe aus der Basis. Dann wird umgetopft, stärkere Pflanzen lassen sich teilen. Im Sommer können Sie Stecklinge schneiden, etwa 6 cm lange Triebspitzen wachsen gut an. Man steckt sie in Vermehrungserde, bedeckt sie mit Folie und hält sie leicht feucht. Hell aber nicht in der Sonne aufstellen.

Treue Begleiter – die Ausdauernden

1. Schnittlauch

_ *wichtigster Begleiter der Petersilie*
_ *kann laufend geschnitten werden*
_ *nach stärkerem Rückschnitt düngen*

Die Ernte der Röhren beginnt etwa acht Wochen nach der Aussaat. Schnittlauch kann jahrelang am selben Platz stehen bleiben. Das Entfernen der Blütentriebe an älteren Stauden erhöht die Ernte. Zeigen sich rostfarbene Pusteln (Schnittlauchrost) schneidet man die Pflanze vollständig zurück Der Neuaustrieb ist meistens wieder gesund.

2. Zitronenmelisse

_ *wüchsige, bis 80 cm hohe Staude*
_ *Ernte der Blätter vor der Blüte*
_ *blühende Pflanzen sind Insektenmagnete.*

Allein die grünen Stauden mit dem angenehm erfrischenden Duft nach Zitrone rechtfertigen den Anbau der Zitronenmelisse. Sie wirkt auch im Ziergarten als Strukturelement beruhigend und stellt die bunteren Nachbarn erst ins rechte Licht. Wer nach der Blüte kräftig zurückschneidet, kann aus dem Neuaustrieb wieder laufend ernten.

3. Garten-Ampfer

_ *frische Blätter schon ab März*
_ *Blütentriebe entfernen: erhöht die Ernte*
_ *oft gibt es im Herbst nochmals zarte Blätter*

Im zeitigen Frühjahr schmecken die zarten Blättchen besonders fruchtig-säuerlich, viele Kinder naschen sie direkt vom Beet. Ab Frühsommer bilden sich Blütenstängel, dann steigt der für den sauren Geschmack verantwortliche Oxalsäuregehalt. Im Hochsommer lässt man die Blütentriebe zunächst durchtreiben. Blutampfer ziert das Kräuterbeet, ist jedoch weniger zart und aromatisch.

4. Bärlauch

_ *liebt den Halbschatten unter Stäuchern*
_ *Blatternte nur im April, blüht weiß ab Mai*
_ *die Blätter vergilben & ziehen ab Juli ein*

Am besten vorgezogene Jungpflanzen setzen. Eine Aussaat hat nur im Spätsommer Erfolg, die winzigen Keimlinge erscheinen erst im folgenden Frühjahr nach einer Kälteeinwirkung. Geerntet werden kann meist erst nach mehreren Jahren. Einfach und risikolos ist die Aussaat von selbst gesammeltem Saatgut. Im August findet man die schwarzen, eckigen Samen in dürren Dolden am Naturstandort.

Kräuter einkaufen und richtig schneiden

Kräuter aus Töpfen statt aus Samen Achten Sie bei jedem Lebensmittel-Einkauf auf die Auswahl an Kräutertöpfchen. Sobald Sie sehr junge, noch niedrige Exemplare von Basilikum, Petersilie oder Majoran antreffen, wählen Sie solche mit gesundem Stielansatz aus. Zuhause teilen Sie die Ballen in drei bis sechs Teile und pflanzen diese in Töpfe oder Kästen in Balkonblumenerde. So entwickeln sich üppige Büschel, die sich einen ganzen Sommer lang beernten lassen.

Petersilie gedeiht auf diese Weise auch im Garten, wo sich seit Jahren Probleme bei der Aussaat ergeben. Pflanzen Sie die zerteilten Büschel einfach aufs Beet.

Wärmeliebenden Halbsträucher wie Lavendel und Salbei halten sich auf Böden ohne Staunässe meist über viele Jahre. Der richtige Schnitt im späten Frühjahr und nach der Blüte hält die Büsche kugelig kompakt. Ungeschnittene Lavendelbüsche hingegen fallen nach ein paar Jahren auseinander. Warten Sie mit dem Schneiden, bis die Pflanze sichtbar mit dem Wachstum beginnt, am älteren Holz sollten sich kleine grüne Austriebe gebildet haben. Dann schneidet man so weit zurück, dass der Pflanze an jedem Trieb noch frisches Grün verbleibt. Weiter zurückgeschnittene Zweige treiben oft nicht mehr aus. Lavendelsträuchchen schneidet man am besten kurz nach dem Aufblühen und die Büsche gleich anschließend nochmals kräftig und rundum zurück, und zwar so weit, dass sie gerade noch grün erscheinen. Auch Salbei hält man auf diese Weise jung. Achtung: Bunte Sorten sind weniger frosthart!

So gelingt's garantiert

1. Beginnen Sie ihr Kräuterbeet mit winterharten robusten Arten wie Schnittlauch oder Liebstöckel. Hinzu kommen dann mediterrane Halbsträucher wie Lavendel und Salbei.
2. Eine Kräuterspirale macht nur Spaß ohne Wurzelunkräuter. Im Beet wachsen die meisten Arten besser.
3. Die nachbauempfindliche Petersilie kommt immer mit auf ein Gemüsebeet. Die Aussaat im nächsten Jahr soll auf einem anderen Beet erfolgen, sodass die Petersilie im Garten »umherwandert«.
4. Gekaufter Dill keimt oft unzuverlässig. Lassen Sie Ihren eigenen Dill Samen bilden, die Sie auf einzelnen Beeten (auch Erdbeerbeet) ausstreuen. Einige keimen im Frühjahr, beim Durchhacken schonen.

Kräuter optimal pflegen

Pflegeleichte Kräuter Alle beschriebenen Arten sind unkompliziert und brauchen nicht viel Pflege. Genauso gut wachsen auch fast alle anderen Kräuter wie Liebstöckel oder Oregano. Manche sind äußerst dekorativ wie Muskateller-Salbei oder Weinraute.

Schnittlauch im Winter Säen Sie im Frühjahr zusätzliche Reihen von Schnittlauch aus zum Antreiben im Winter. Die Pflanzen sollen sich bis Oktober möglichst üppig entwickeln. Dazu düngen Sie nach dem Keimen 50 g Hornmehl pro Quadratmeter. Im Oktober topfen Sie einzelne Ballen der Zwiebelchen dicht an dicht und genau nebeneinander in Töpfe. Nun die Töpfe in ein freies Gartenbeet einsenken. Alle paar Wochen können Sie dann bei offenem Boden einen Topf entnehmen, ihn hell bei 16 °C aufstellen und dann nach drei Wochen ab ern- ten. Am willigsten treiben Töpfe, die zuvor ein paar Wochen Temperaturen unter 2 °C erlebt haben. Beerntete Töpfe pflanzen Sie bei frost- freiem Wetter, spätestens im Frühjahr wieder aus, pflegen sie gut, sodass sie im Oktober wieder getopft werden können.

Kräuter in Töpfen richtig pflegen Die Folienverpackung wird zuhause sogleich entfernt. Zum Frühjahr hin lohnt es sich, die Kräuter gleich nach dem Kauf in einen größeren Topf umzu- pflanzen, dann gelingt die gleichmäßige Wasser- versorgung besser. Im Sommer pflanzt man die Kräuter am besten wie bei Basilikum und Petersilie beschrieben in einen Balkonkasten. Außen am Fenster entwickeln sich die meisten Arten prächtig weiter und treiben oft einen Sommer lang immer weiter. Gekaufte Kräuter- töpfchen stehen im Winter am warmen Küchen- fenster viel zu warm. Länger halten sie im kühlen, etwa 12 °C kühlen Treppenhaus an einem hellen Südfenster.

Minzen vermehren

1. Minzensammlungen lassen sich schnell erweitern.
2. Überzählige Ausläufer schnei- det man auf ca. 8 cm zurück.
3. Jeweils drei Stück davon pflanzen Sie in einen kleinen Topf mit Blumenerde.
4. Sobald sich frisches Grün zeigt, können Sie den Topf weiter geben.
5. Minztriebe vieler Sorten bewurzeln sich einfach in einem Glas Wasser.

Küchentipps für Kräuter

Kräuter richtig trocknen Von Blattkräutern wie Minzen schneidet man vor der Blüte 10 bis 20 cm lange Triebspitzen, bündelt jeweils etwa fünf Stängel und hängt sie luftig an einem schattigen Ort auf. Eine schnelle Trocknung erhält das Aroma am besten. Sie gelingt zuverlässig bei sommerlich trockener Hochdruckwetterlage. Gute Trockenkräuter riechen aromatisch frisch und sind heugrün gefärbt. Man bewahrt sie in geschlossenen Papiertüten oder in Schraubdeckelgläsern im Dunkeln auf. Nur knistertrockene, auf Druck zerbröselnde Blätter darf man in Gläser füllen. Zu feucht eingelagerte oder bei feuchter Witterung zu lange trocknende Kräuter werden dunkel bis schwarz und riechen muffig.

Frische Petersilie den ganzen Winter Vor den ersten strengen Frösten schneidet man die Petersilie ab. Gut entwickelte, junge Blätter liest man aus, schneidet sie fein und drückt sie in Eiswürfelschalen. Vorsichtig mit Wasser auffüllen und einfrieren, später die Würz-Eiswürfel in Gefrierbeutel umfüllen. Bei Bedarf einen oder zwei Würfel in die Suppe geben.

Bärlauch gibt es nur im April. Waschen Sie die Blätter und schneiden Sie sie in feine Querstreifen. Mit dem Pürierstab werden sie fein gerührt, dabei sparsam Öl zugeben. Diese Bärlauchmasse sehr flach in Gefrierbeutel füllen und einfrieren. Bei Bedarf Stücke abbrechen und wie gewohnt nutzen.
Bärlauchcreme schmeckt als Brotaufstrich, aber auch zu Kartoffeln oder Grillfleisch: 1 Esslöffel Bärlauchmasse mit je einer halben Packung Feta und Frischkäse fein zerdrücken.

Herzhaft oder fein?

Kräuter schmecken frisch am besten Für den Wintervorrat lassen sich viele Kräuter trocknen. Minzen möglichst nicht waschen, weil die ätherischen Öle auf der Blattunterseite verloren gehen. Getrocknete Petersilie schmeckt fade, man friert sie besser ein.

Lavendelgebäck

In einen hellen Rührteig für ein Blech je einen halben Esslöffel fein gehackter Lavendelblättchen und ausgezupfter Blüten einmischen, backen. Zitronenglasur aus 125 g Puderzucker und Saft ½ Zitrone mit ½ Esslöffel ausgezupfter Lavendelblüten mischen, sofort nach dem Backen aufstreichen.

Schneller Kräuterdipp

1 Becher Creme fraiche, Saft von einer halben Zitrone, 1 Esslöffel fein geschnittene Zwiebelwürfelchen, 1 fein gewürfelte Knoblauchzehe, Salz und Pfeffer mit einer Handvoll fein geschnittenen Kräutern mischen. Für den Kindergeburtstag Gartenampfer, Schnittlauch, Petersilie und wenig Melisse nehmen. Dazu eine bunt mit Gemüsestücken belegte Platte zum Dippen servieren – oder noch besser, die Kinder selbst schnippeln lassen. Besonders beliebt sind Möhrenstifte, Gurkenscheiben, Radieschen und Paprikastreifen. Für das Grillfest im Sommer: Mehr Schnittlauch verwenden, dazu Basilikum und Thymian.

Leben im sommerlichen Blumengarten
Insekten-Lockpflanzen

Blüten sind nicht nur schön anzuschauen oder duften verführerisch, sie sind die Lebensgrundlage für zahlreiche nützliche Insekten. Flach gebaute Korbblüten und Doldenblütler sind Nahrungsgrundlage für Blattlausfeinde wie Schlupfwespen und Schwebfliegen. Lippenblütler bieten Hummeln und Wildbienen, die im Frühjahr unsere Obstbäume bestäuben, Nahrung im Hochsommer. Unter den Insektenpflanzen gibt es viele Heilpflanzen, die für den Menschen einen zusätzlichen Nutzen haben.

1. Herzgespann

_ *problemloser, unauffälliger Dauerblüher*
_ *bildet ruhigen Hintergrund für bunte Beete*
_ *für Bienen, Wildbienen & Hummeln*

Früher in jeden Garten, findet man diese Hummelpflanze heute nur noch selten. Das Abschneiden der dürren Stängel vor dem Neuaustrieb im Frühjahr genügt als Pflegemaßnahme. Im Sommer herrscht um die Lippenblüten ein Gesumme wie vor einem Bienenstock. Die Hauptblüte verlängert sich durch zahlreiche ährenartige Seitentriebe.

Sommer am Blütenmeer

2. Ringelblume

_ *blüht von Juni bis zum Frost*
_ *keimt von selbst im nächsten Jahr*
_ *Hildegard-Pflanze*

Die Aussaat erfolgt ab Ende März direkt ins Beet. Um den Haupttrieb bilden sich schnell Seitentriebe, die immer wieder neue Knospen treiben, vor allem wenn die Wasserversorgung stimmt und wenn das Beet zur Saat mit Kompost versorgt wurde. Wen der Anblick stört, entfernt braun abreifende Samenstände. Ein paar lässt man im Hintergrund stehen, dann gibt es ohne unser Zutun im nächsten Frühjahr wieder neue Keimlinge. Sie lassen sich bei feuchter Witterung leicht an die gewünschten Stellen umpflanzen. Großblumige, teils gefüllt blühende Neuzüchtungen mit weißlichen oder auch rötlichen Blüten samen weniger aus. Die Zungenblütchen am Rand eignen sich als Dekoration für Salate, aber auch für Heilsalben.

3. **Fenchel**

_ *braucht Platz & wird 2 m hoch*
_ *blüht von Juli bis Spätherbst*
_ *lebt oft länger als zwei Jahre*

Nach der Aussaat bilden sich bis 2 m hohe Blütentriebe mit zahlreichen Seitentrieben. Auf dem Gewirr unzähliger gelber Doldenblütchen treffen sich bei sonnigem Wetter allerlei Insekten, darunter viele nützliche Arten. Die Wurzelstöcke grünblättriger Sorten überstehen meistens mehrere Winter und bilden in den Folgejahren große Büsche, die man bei Bedarf aber leicht in Zaum halten kann. Ausgewachsene, aber noch grüne Samen eignen sich für Fencheltee.

Besonders dekorativ, nicht ganz so stark wachsend, aber auch nicht zuverlässig winterhart ist Bronze-Fenchel. Er wird gerne für bunte Sommerblumenbeete oder in Staudenrabatten verwendet.

4. **Alant**

_ *es gibt zwei Arten*
_ *goldgelbe Korbblüten auf hohen Stängeln*
_ *kleine Samenkörbe für Vögel im Winter*

Echter Alant *(Inula helenium)* hat lanzettlich längliche, bis 50 cm lange Blätter und bildet ab Hochsommer prächtige gelbe Korbblüten. Im Handel findet man oft auch den Orientalischen Alant *(Inula magnifica),* er wird größer und bildet noch üppigere, elliptische bis fast herzförmige Blätter, aber nicht mehr Blüten. Beide gedeihen in jedem Garten problemlos. Sie stehen sehr gut im Hintergrund von Kräuter- oder Beetstauden.

Seit der Antike wird Alant bei Verdauungsproblemen und bei Husten empfohlen.

5. Sonnenblume

_ *hohe, verzweigende Sorten, blühen lang*
_ *pollenlose Schnittsorten meiden*
_ *Samenstände locken Singvögel*

Einfach blühende Sorten mit mittelgroßen Blütenkörben sind am robustesten, bei ihnen gelingt die Direktsaat ins Beet, oft überwintern auch einzelne Samen in der Erde. Sicherer ist die Voranzucht in Töpfchen. Sonnenblumen brauchen einen humosen Gartenboden und eine ähnlich hohe Düngung wie Tomaten. Einen Teil der Samenstände sollte man einnetzen (mit Zwiebel- oder Kartoffelsäcken). Wenn die Samen reif sind, lagert man die Fruchtstände mit einem Stück Stängel trocken und mäusesicher. Im Winter stellt oder hängt man dann immer wieder einen Fruchtstand zur natürlichen Vogelfütterung in den Garten.

6. Schmuckkörbchen

_ *ungefüllte Sorten pflanzen*
_ *Blüte ab Ende Juni*
_ *Samen gewinnen fürs nächste Jahr*

In lockeren Böden können Schmuckkörbchen direkt keimen, sicherer und früher ist die Voranzucht in Töpfchen ab April. Nach dem Auspflanzen im Mai werden Cosmeen bis 1,20 m hoch und blühen dann unermüdlich bis zum ersten Frost. Wer einzelne, besondere Sorten etwas getrennt im Garten hält, kann im Spätsommer Samen gewinnen, kühl und trocken einlagern und im nächsten Jahr wieder aussäen. Nur bei einfachen Sorten erfolgt auch Selbstaussaat, vor allem nach milden Wintern.

Blütenfülle bis zum Frost

Pflege Einjährige Arten wie Ringelblumen und Schmuckkörbchen räumt man im Herbst vollständig ab. Wo sie inmitten von gemischten Pflanzungen mit Stauden und Gehölzen (Mixed Borders) stehen, schneidet man sie ebenfalls direkt am Boden ab. Mehr Abwechslung in solche Flächen bringen lange blühende Sommerblumen wie wenig gefüllte Tagetes, gelb blühende Färber-Hundskamille *(Anthemis tinctoria)* oder Kronen-Chrysanthemen *(Chrysanthemum coronarium)* als pollen- oder nektarreiche Arten. Lässt man ein paar Stängel aussamen, gibt es im nächsten Jahr ausreichend Nachwuchs, der bei feuchter Witterung leicht an gewünschte Plätze umgesiedelt werden kann, solange die Pflänzchen nicht höher als ein Finger lang sind. Ältere Pflanzen wachsen nicht so gut weiter.

Viele Nützlingsmischungen enthalten auch Borretsch. Dieses einjährige Würzkraut entwickelt sich zu ausladenden Büschen, die aus Seitentrieben immer wieder neue himmelblaue Blütensterne bilden. Schneidet man ab und zu die alten Triebe aus, bleibt die Pflanze bis zum Spätherbst vital. Auch die Wilde Karde ist in vielen Wildblumenmischungen enthalten. Sie hat außer den umschwärmten Blütenständen weitere positive Eigenschaften für viele Gartenbewohner: Die am Stängel becherartig verbreiterten Blattstiele dienen nach Regenfällen tagelang als kleine Wasserzisternen für Vögel und Insekten; die distelartigen und für Trockensträuße geeigneten Fruchtstände bergen viele fettreiche Samen als Winternahrung für eine Vielzahl von Vögeln.

4 Fakten zu Nützlingsstauden

1. Ausdauernde Stauden wie Alant, Fenchel oder Karden lässt man so lange wie möglich, am besten während des ganzen Winters, als Vogelfutter stehen.

2. Früh im Herbst abgeschnittene, unschöne Stängel legt man als Bündel beiseite, sie dienen als Unterschlupf für Kleintiere.

3. Der untere Teil der im Frühjahr abgeschnittenen, teils hohlen Stängel kann zur Gestaltung eines Bienenhotels genutzt werden.

4. Im zeitigen Frühjahr sollten neben Weidenbüschen auch Winterlinge, Krokusse und andere Zwiebelstauden den ersten fliegenden Insekten Pollen und Nektar spenden – rechtzeitig im Herbst pflanzen!

Darauf sollten Sie achten

Zur Selbstaussaat neigen viele der genannten Arten. Wer die Keimlinge kennt, beseitigt alle, die an unpassender Stelle stehen frühzeitig mit einer flach über den Boden gezogenen Rübenhacke. So werden sie nicht lästig.

Überalterte Wurzelstöcke von Fenchel oder Herzgespann, die im Sommer übermäßig breit werden, sticht man mit dem Spaten zugunsten jüngerer Pflanzen aus.

Besonders lange blühen alle bisher aufgeführten Arten. Sie können mit Stauden mit kürzerer Blütezeit ergänzt werden, die sich von der Christrose im Januar bis zu Gartenchrysanthemen im Spätherbst ununterbrochen abwechseln.

Für Nachtfalter sind Nachtkerzen besonders attraktiv. Die gelben Blütenkelche öffnen sich abends und blühen bis zum nächsten Abend. An warmen Abenden, wenn Nachtkerzen intensiv duften und gespenstisch leuchten, brummen die Nachtschwärmer sonor durch den Garten.

Schmetterlinge gehören in unsere sommerlichen Gärten. Wer Tagpfauenauge und Kleinem Fuchs, die am Schmetterlingsstrauch Blütennektar saugen, auch Nahrung für die Raupen bieten will, lässt in einer hinteren Gartenecke ein paar Büsche Brennnesseln wachsen. Dicke grüne Raupen auf Dill, Fenchel und Möhrenblättern sind die Larven vom Schwalbenschwanz. Man sollte sie gewähren lassen, weil sie immer nur einzeln auftreten und so keinen Schaden anrichten. Die blauschwarze Holzbiene ist unsere größte Wildbiene, sie findet sich oft auf Muskateller-Salbei.

Blütenvielfalt für mittlere und lange Insektenrüssel

1. Die meisten Blattlausfeinde bevorzugen flache Korb- und Dillblüten. Wildbienen und Hummeln bevorzugen Lippenblütler und andere Blüten mit einem langem Blütenschlund.

2. Daher gehören in einen Bio-Garten auch Salbei-, Taubnessel- und blühende Minzearten.

3. Melisse, Dost und Thymian bieten reichlich besuchte Blütchen, wenn nicht alle Stängel bei der Kräuterernte abgeschnitten werden.

4. Besonders attraktiv sind distelartige Blüten, z. B. von Kugel-, Gold- und Silberdistel, Wilder Karde und Artischocken.

Nützlingspflanzen selbst genießen

Samenstände von Samenfenchel werden abgeschnitten, sobald die noch grünen Samen ihre endgültige Größe erreicht haben. Sie werden wie Blattkräuter im Schatten getrocknet und ergeben dann einen sehr wohlschmeckenden, auch für Kleinkinder geeigneten Tee. Die schirmförmigen Dolden eignen sich auch als frisch duftendes, grünes Beiwerk für sommerliche Blumensträuße aus dem Garten.

Ringelblumenbutter

Die gelben Blüten der Ringelblumen dienen seit alters zur Bereitung von Salben, aber auch Brotaufstriche lassen sich damit optisch und geschmacklich aufwerten. Ein Hingucker ist Ringelblumenbutter. Dazu zwei Handvoll ausgezupfte und fein gehackte Ringelblumenrandblüten mit etwas Salz, Pfeffer, Zitronensaft und wenig Curry einarbeiten. **Farbliche Varianten** ermöglichen Gänseblümchen- oder Rosenblütenblätter, Schnittlauch-, Salbei- oder Borretschblüten. Rettichartig pikant schmecken die Blüten der Kapuzinerkresse. Verwenden Sie nur sicher essbare Blüten wie die aufgezählten. Die Blüten giftiger Arten wie Fingerhut, Eisenhut, Hahnenfuß oder Greiskraut sind natürlich absolut tabu.

Borretschblüteneis

In Eiswürfel eingefroren sind die frischblauen Blüten leuchtende Hingucker in sommerlichen Mixgetränken oder einfach im Mineralwasser.

Blütenstauden das ganze Jahr

Stauden stehen jahrelang in unserem Garten, und jedes Jahr blühen bringen sie ihre Blütenfülle für ein paar Wochen oder Monate wieder hervor, ohne Neupflanzung. Robuste Arten brauchen kaum Pflege, das Entfernen der vorjährigen Stängel genügt meistens. Es gibt besonders langlebige Arten wie Funkien oder Pfingstrosen, deren Büsche von Jahr zu Jahr prächtiger werden. Andere lassen in ihrer Wuchskraft nach ein paar Jahren nach. Sie gewinnen durch Teilung und Neupflanzung wieder neue Kraft. Und einige verbreiten sich durch Selbstaussaat.

1. **Goldsturm-Sonnenhut**

_ *gelbe Blütensonnen von Juli bis Winter*

_ *abgeblühte Samenstände lange dekorativ*

_ *bei extremer Trockenheit wässern*

Die dunkelgrünen, herzförmigen Blätter bleiben weit in den Winter hinein grün und bedecken den Boden, der Neuaustrieb erfolgt im späten Frühjahr. Die kugelige, tiefschwarze Mitte der Sorte ‚Goldsturm' *(Rudbeckia fulgida* var. *sullivantii)* bleibt als malerischer Samenstand über Monate hinweg stehen. Andere Arten blühen auch gelb, aber mit grüner oder gelber Mitte.

2. **Purpursonnenhut**

_ *lachsrosa Blüten von Juli bis zum Frost*

_ *igelartig bestachelte, dunkle Blütenmitte*

_ *Heilpflanze bei Erkältungskrankheiten*

Auch wenn die Zungenblüten am Rand schon verwelkt sind, bleibt der Fruchtstand von *Echinacea purpurea* dekorativ. Mit Raureif überzogen schmücken sie den winterlichen Garten, bevor Meisen und Distelfinken die Samen auspicken. Nur einfache Sorten versamen wie die weiße 'Sundown'. Attraktiv sind neue Farbsorten wie 'Tomato Soup' (Bild siehe S. 12).

durchgehend geöffnet: die Nektarbar

3. Sommer-Salbei

_ *blüht im Mai & Juli (nach Rückschnitt)*

_ *passt zu Rosen, in sonnigen Rabatten*

_ *Sorten in violettblau, rosa oder weiß*

Sobald die bis 50 cm hohen Blütentriebe abblühen, schneidet man die Pflanzen auf Handbreite zurück und versorgt sie bei Bedarf mehrmals mit Wasser. Dann treiben sie ein zweites Mal aus. Nur an besonders trockenen Standorten bleibt die zweite Blüte spärlich. Somit bietet dieser Salbei *(Salvia nemerosa)* über viele Wochen Nektar und Pollen. Auch der Wiesen-Salbei *(Salvia pratense)* passt in Staudenpflanzungen, er blüht ab Ende Mai kräftig blau, später jedoch nur vereinzelt nach. Dafür lässt er sich für Tees nutzen. Mit Hilfe eines dünnen Grashalms, den man vorsichtig in den Schlund einer Blüte einführt, kann man den Hebelmechanismus in Gang bringen, der den Rücken von Hummeln reichlich mit Pollen bestäubt.

4. Astern-Vielfalt

_ *Spätblüher, im Sommer sattgrün*

_ *weißer Blütchenschleier ab Oktober*

_ *passt in alle trockenen Blumenbeete*

Viel zu selten wird die im Sommer blühende Berg-Aster *(Aster amellus)* verwendet, die schon einige Wochen vor der bekannteren und etwas anspruchsvolleren Kissen-Aster *(A. dumosus)* blüht, beide in Weiß-, Blau- und Rosatönen. Spät im Herbst schließt die Eriken-Aster *(A. ericoides)* den Blütenreigen. Die grünen Büsche sind im Sommer so dekorativ wie Buchs, nur viel pflegeleichter. Die weiße Urform ist am wüchsigsten. Daneben gibt es zahlreiche hellblau oder leicht rosa blühende Hybridsorten, von denen manche auch etwas größere Einzelblütchen haben. Sie wachsen allesamt schwächer und sind nicht so konkurrenzstark – es besteht also keine Gefahr, dass sie im Beet lästig werden und andere Stauden verdrängen.

Immer fit in der Sommerhitze

1. Woll-Ziest

_ *bildet flache, silbergraue Polster*
_ *Blätter weichflauschig wie Eselsohren*
_ *attraktive Randpflanze an Staudenflächen*

Die silbernen Polster von *Stachys byzanthina* sind trockenheitsverträglich und passen zu allen Blütenfarben, vor allem auch zu allen Rosenfarben. Sie hindern Amseln am Ausscharren von Erde, weil sie auch im Winter grün bleiben. Zugleich bieten sie Schutz für überwinternde Insekten. Die Sorten 'Sheila McQueen' und 'Silver Carpet' samen kaum aus.

2. Gold-Fetthenne

_ *wächst flach, hält auch bei Hitze aus*
_ *Blätter bleiben im Winter meist grün*
_ *blüht im Frühsommer goldgelb*

Sedum floriferum 'Weihenstephaner Gold' liebt die volle Sonne. Abgebrochene Triebe bewurzeln leicht. Ähnlich robust sind andere Arten wie die Pflaumen-Fetthenne mit blau bereiften, runden Blättern, Teppich-Sedum mit spärlicher, weißer Blüte oder die Große Fetthenne mit 30 cm hohen rosa Blütendolden. 'Immergrünchen' wächst auch im Schatten.

3. Katzenminze

_ *blau bereifte Blattbüschel ab März*
_ *hellblaue Blütenteppiche ab Mai*
_ *Wildform samt reichlich aus*

Schneidet man die Büschel von *Nepata × faassenii* etwa 10 cm über dem Boden nach der Blüte ab, gibt es ab Juli einen lang anhaltenden zweiten Flor. Zwischen Rosen besser die später blühende Bergminze mit luftig bläulichweißem Blütenschleier pflanzen. Die Unterart *Calamintha nepeta* subsp. *nepeta* samt weniger aus, so dass man überzählige Sämlinge nicht ausjäten muss. Insekten lieben beide.

4. Polster-Ehrenpreis

_ *flache, trockenheitsverträgliche Polster*
_ *oft auch im Winter grün*
_ *enzianblauer Blütenflor ab April bis Mai*

Dieser Ehrenpreis *(Veroncia prostrata)* sollte nicht von anderen Gewächsen beschattet werden, nur dann gedeiht er jahrelang, und das an den trockensten Stellen im Garten. Die Blattpolster sind 20 cm hoch, hinzu kommen im Frühsommer die tiefblaue Blütenkerzen. Ganz ähnlich robust sind andere Ehrenpreisverwandte, allen voran der Silberblatt-Ehrenpreis (*V. incana* 'Silberteppich').

Fertigmischungen

Gute Staudenpflanzungen werden meist kunstvoll »komponiert«. Sie sind Gemälde, deren Farben ein Eigenleben durch die Jahreszeiten entwickeln. Der Umgang mit diesen vielen Farben verlangt viel Pflanzenwissen. Ein neuer Weg sind fertige Stauden-Mischpflanzung für dauerhaften Staudenflächen. Dabei wird eine Anzahl geschickt zusammengestellter Arten nach dem Zufallsprinzip ausgepflanzt. Insgesamt benötigt man 6 Pflanzen pro Quadratmeter, auf trockenen Standorten etwas mehr. Die Flächen werden im Laufe der Jahre immer attraktiver.

Silbersommer

Eine traumhafte Mischung Auf öffentlichen Flächen sieht man immer öfter den pflegeleichten »Silbersommer«. Er besteht aus rund 30 trockenverträglichen, lange blühenden Stauden. Oberflächliches Hacken sollte man vermeiden, da sich die Pflanzung auch durch Sämlinge selbst verjüngt und erhält. Leitstauden (ca. 10 % der Pflanzen) sind Goldgarbe, Brandkraut, Blauraute und die robuste Teller-Fetthenne, hinzu kommt das straff aufrechte Silber-Ährengras. Begleitstauden (40 %) sind Berg-Aster, Rote Witwenblume, Großer Ehrenpreis 'Knallblau' und die kurzlebige Präriekerze, deren schmetterlingförmige Blüten luftig leicht über dem Beet schweben. Ihre spärlichen Sämlinge sollten Sie unbedingt erkennen und fördern. Weitere kurzlebige Arten sind Blauer Staudenlein und Gelbe Skabiose. Bodendecker (50 %) wie Bergminze oder Kaukasus-Storchschnabel füllen Lücken. Im Frühjahr sorgen der sehr frühe Elfenkrokus, später Botanische Tulpen wie *Tulipa praestans* 'Fusilier' und Traubenhyazinthen für erste Farbtupfer (Bild 1 und 2).

Schattenglanz

Der Natur abgeschaut ist auch diese vom Bund deutscher Staudengärtner empfohlene Mischpflanzung. Natürlich muss man, wie am schattigen Wildstandort auch, Abstriche in der Blütenfülle machen. Bunt getupfte Blätter ergänzen die meist hellfarbenen Blüten der Schatten- und Halbschattenbewohner. Jeder Standort ist anders, heller, trockener oder humoser als beim Nachbarn. Eine Mischpflanzung wird sich demnach immer etwas anders entwickeln, andere Arten werden sich besser oder schlechter durchsetzen.

Riesensegge, Korsische Nieswurz (ähnlich ist die heimische Stinkende Nieswurz) und großblättrige Funkien sind bei dieser Mischung die Leitstauden, Bergenien, Kaukasusvergissmeinnicht und kleinere Funkien füllen weite Bereiche und dazu kommen Bodendecker wie Immergrün oder auch Waldsteinie.

Ergänzen kann man die Anpflanzung mit schattenverträglichen Zwiebelblumen wie Schneeglöckchen, Märzenbecher oder einziehenden Arten wie Buschwindröschen, Waldmeister und Bärlauch (Bild 3).

Weitere Staudenmischungen

Verschiedene Sichtungsgärten stellen laufend weitere standortangepasste Verbesserungen vor. Es geht nicht nur um die Schönheit, die Mischungen sollen auch pflegeleicht sein und sich dauerhaft halten. Gute Staudenbetriebe kennen z. B. die Bernburger, Erfurter, Wädenswiler oder Weinheimer Mischungen – allesamt auf »Herz und Nieren« geprüft und uneingeschränkt empfehlenswert.

5 Fakten zu Staudenmischungen

1. Nähere Informationen einschließlich der Pflanzlisten gibt es als Broschüre oder auch im Internet unter www.stauden.de.
2. Die Zusammenstellungen lassen individuelle Abweichungen oder Varianten zu.
3. Beim Aussuchen der Lieblingsvariante ist ein »Aspektkalender« hilfreich, der für jeden Monat im Bild Blüte, Fruchtschmuck oder Blattfärbung zeigt.
4. Im Lauf der Jahre ist eine gewisse Jätarbeit nötig. Je dichter die Pflanzung, umso weniger Unkraut wird keimen.
5. Lücken sollten möglichst im April durch Teilung vitaler Pflanzen geschlossen werden.

Pflege im Jahresablauf

Im Frühjahr schneidet man kurz vor dem Neuaustrieb die dürren Stängel des Vorjahres ab – jetzt sind sie im Unterschied zum Herbst ganz leicht, oft brechen sie fast von selbst ab. Spätestens bevor die ersten Zwiebelblumen blühen, wird alles Dürre vom Beet entfernt. Die meisten Arten lassen sich im April am sichersten teilen (Bild 2), Frühsommerblüher auch nach der Blüte. Wer die Teilstücke eintopft, kann sie leichter weitergeben.

Ein Stützgerät erhalten wenige Arten wie der Orientalische Mohn schon beim Austrieb, man kann sie mit ein paar Zweigen vom Obstbaumschnitt umstecken.

Frühsommer-Blüher werden nach der Blüte meist abgeschnitten (Bild 1), bei Sommer- und Herbstblühern lässt man die oft dekorativen Samenstände bis ins Frühjahr hinein stehen.

Kurzlebige Stauden wie Margeriten, Fenchel, Patagonisches Eisenkraut oder die Präriekerze halten sich nur wenige Jahre an einem Standort. Dafür samen sie sich aus und bilden neue Horste. Daher werden naturnahe Staudenbeete niemals gehackt, sondern bei Bedarf lediglich gejätet. Man entfernt wirklich nur Unkräuter und überzählige Sämlinge der Stauden. Unbekannte Pflänzchen bleiben sicherheitshalber so lange stehen, bis sie sich zu erkennen geben.

Langlebige Stauden werden von Jahr zu Jahr immer prächtiger. Sie lässt man am besten in Ruhe. Dazu gehören Christrosen, Pfingstrosen – von diesen gibt es auch pollenspendende, ungefüllte Sorten –, Funkien und Bart-Iris.

Staudenteppich statt Unkrautwuchs

Harmonische Pflanzungen bestehen aus einigen dominierenden Leitstauden, mehreren mittelgroßen Begleitstauden und kleineren Füllstauden sowie zahlreichen Bodendeckern. Die Rolle der Leitpflanzen können auch kleinere Gehölze einnehmen.

Leitstauden platziert man an den Eckpunkten eines gedachten Dreieckes. Solche Eckpunkte können auch von zwei oder drei Exemplaren derselben Art markiert sein. Anschließend plant man Begleit-, am Schluss Bodendeckerstauden ein. Unterschiedliche Blütezeiten sorgen für einen Farbwechsel im Jahreslauf. Nach einem blau dominierten Frühsommergarten kann durchaus ein gelber Spätsommergarten folgen. Wenige Stauden blühen im zeitigen Frühjahr, daher sorgen zusätzlich eingefügte Zwiebelblumen (Pflanzung im Herbst) für einen ersten Flor. Den ersten Farbteppich bringen Winterlinge, später folgen Krokusse, Wildtulpen und Narzissen an sonnigen, Schneeglöckchen, Märzenbecher und Blausternchen an halbsonnigen Stellen. Kaufen Sie für naturnahe Pflanzungen keine Zwiebel-Farbmischungen, sondern jede Art in einer oder höchstens zwei Farben.

Gute Staudenpflanzungen sind ganzjährig interessant. Ihre Blütenhöhepunkte gehen ineinander über, die ganze Fläche bleibt einen Sommer lang grün. Breitet sich im Mai der Orientalische Mohn aus, wird er im Juli einziehen, und dafür hat der Planer eine Schafgarbe davor gesetzt. Sie verdeckt dann die vergilbenden Mohnblätter. Früh blühende Polster wie Blaukissen sehen im Hochsommer oft etwas bräunlich aus. Pflanzen Sie in den Vordergrund vorwiegend Spätblüher wie Kissen-Aster. Die Frühblüher fallen zu ihrer Blütezeit auch inmitten der Pflanzung auf, im Hochsommer sind sie von höheren Stauden teils verdeckt.

1. Dichte Staudenpflanzungen unterdrücken Samenunkräuter.
2. Wenn die Stauden in der Mitte verkahlen, den Ballen im April ausstechen, etwas Kompost dazugeben und einen Teil wieder einsetzen. Besser: Umpflanzen und an den leeren Stellen eine andere Art einsetzen.
3. Bart-Iris, Rittersporn und Funkien sind durch Schnecken gefährdet.

Süße Früchtchen wie im Paradies

Gehölze geben dem Garten nicht nur Raum und Struktur, sie spenden Schatten und bieten Windschutz und Sichtschutz. Mit einer geschickten Auswahl robuster, fruchttragender Gehölze schaffen Sie ohne viel Mühe einen Naschgarten für sich und Ihre Familie. Von der Erdbeerzeit im Juni bis zum Frost können Sie von der Hand in den Mund genießen, anschließend geht es an die Wintervorräte. Leckere Säfte und Marmeladen wollen schließlich bis zur neuen Erdbeerzeit aufgebraucht sein.

1. Kirsche

_ *frühe Sorten bleiben madenfrei*

_ *kleine Bäumchen lassen sich einnetzen*

_ *so sind sie sicher vor Vögeln*

Die beliebten, spät reifenden Knorpelkirschen werden oft von Kirschfruchtfliegen befallen. Frühe Sorten wie 'Burlat', 'Johanna', 'Celeste' und 'Sweet Early' bleiben madenfrei. Die letzten beiden sind selbstfruchtbar, sie brauchen also keine anderen Kirschsorten in der Nähe. Auf schwach wachsende Unterlagen veredelte kann man leichter einnetzen.

2. Herbst-Himbeere

_ *die zuverlässigste Obstart*

_ *die pflegeleichteste Frucht*

_ *passt in den kleinsten Garten*

Himbeeren schmecken frisch vom Stock am besten. Mit den robusten Herbsthimbeeren kann jeder im Garten dieses gesunde Beerenobst leicht anbauen. Nach der Pflanzung im April tragen sie im Herbst oft schon ein paar Früchte, so richtig loslegen werden sie aber erst im nächsten Jahr. Anders als bei Sommer-Himbeeren schneidet man bei Herbst-Himbeeren im Winter alle Triebe am Boden ab. Die Neutriebe blühen ab Juni, sie werden fleißig von Bienen umschwärmt. Ab August bis Oktober fruchten die Ruten. Ernteschwemmen sind kein Problem: Beeren einfach sauber gepflückt flach in Gefrierbeutel geben. Sie ergeben dann auch im Winter Quarkspeisen wie aus frischen Früchten.

reiche Ernte, saftig süß

3. Apfel

_ *robuste Sorten wählen*
_ *neue Säulenäpfel brauchen wenig Schnitt*
_ *zur Befruchtung mehrere Sorten pflanzen*

Besonders wenig Platz brauchen die neuen »Säulenäpfel«, die man in guten Baumschulen bekommt. In guten Gartenböden wachsen sie über Jahre hinweg sehr langsam, setzen aber schon im zweiten Jahr die ersten Früchte an. Viele Sorten blühen reichlich und setzen gut an, dann sollten im Juni von Äpfelchen, die sich berühren, jeweils die kleineren entfernt werden. Geschmacklich gute neue Sorten sind 'Starcat's', 'Rondo', 'Arbat' oder 'Pompink'. Mit der Ernte beginnt man, wenn die Früchte noch leicht säuerlich schmecken, die Kerne aber schon ins Braune umfärben. Überreif geerntete Früchte werden an der Schale fettig, sie sind schnell weich und schmecken fade.

4. Weinrebe

_ *nur pilzfeste Sorten pflanzen*
_ *spezielle Sorten für den Garten*
_ *es gibt auch kernlose Sorten*

Neue pilzfeste Sorten machen den Traubenanbau im Garten ganz einfach, jedoch sind nur wenige zuverlässig: Beste blaue Sorte ist 'Muscat bleu', beste weiße 'Birstaler Muskat'. Kinder mögen lieber kernlose Sorten. 'Venus' (blau) ist eine gute, 'New York' (weiß) und 'Kischmisch' (rosa) brauchbare Sorten. Reben begrünen schöne und auch unschöne Wände. An Süd-Ost-Wänden bleiben sie bis in den Spätherbst trocken und gesund, die Ernte bei 'Muskat bleu' zieht sich manchmal bis in den November. Zum Schutz vor Amseln kann ein Vogelschutznetz nötig werden. Sie »ernten« sonst noch vor der Reife – und vor Ihnen! Romantische Lauben entstehen, wenn die Weinstöcke Pergolen oder einfache Draht-spaliere als Sichtschutz beranken.

Erdbeeren & andere wilde Früchtchen

1. Erdbeere

_ *für hohe Erträge jährlich neu pflanzen*
_ *gedüngt wird immer im September*
_ *zum Naschen Monatserdbeeren pflanzen*

Schmackhafte und robuste Sorten sind 'Clery', 'Sonata' oder 'Darselekt', öftertragend sind 'Selva', 'Mara de Bois' oder 'Ostara'. Bei Neupflanzungen im Juli 6 l Kompost und 50 g Hornmehl/m² einarbeiten. Ab Mai mit Stroh, Holzwolle oder trockenem Rasenschnitt mulchen. Früchte vor Amseln schützen. Bei der Ernte entfernt man auch schadhafte Früchte, die sonst Fäulnis verbreiten könnten.

2. Felsenbirne

_ *einer der schönsten Ziersträucher*
_ *frühe Blüte, süße Früchte, rotes Herbstlaub*
_ *wächst langsam, braucht kaum Schnitt*

Die Kahle Felsenbirne (Amelanchier laevis) trägt etwas größere Früchte als die Kupfer-Felsenbirne (A. lamarckii). Die früh reifenden Beeren schmecken am besten direkt vom Baum. Sie ergeben auf Torten Kontraste zu gelben Früchten. Ihr Geschmack erinnert an Birnen, ist aber kräftiger. Wen die Kerne stören, kocht die Früchte mit wenig Wasser auf und passiert sie dann für Marmeladen u.a.

3. Holunder

_ *für gartenfrischen, eigenen Hugo*
_ *für tiefrote Fruchtmarmeladen & Saft*
_ *Lebensgrundlage für Insekten & Vögel*

Es gibt großfruchtige Sorten wie 'Haschberg' und dekorativ rosa blühende wie 'Black Beauty'. Der richtige Schnitt begrenzt ihren Wuchs. Holunder verlaust oft, dann lassen sich Schlupfwespen, Schwebfliegen und Marienkäfer bei der Arbeit beobachten. Und er ist Symbol für Lebenskraft: Der mächtigste Zauberstab, der *Elder Wand*, in »Harry Potter« besteht aus Holunder (englisch: elder).

4. Apfelbeere

_ *anspruchslos & sehr dekorativ*
_ *weiße Blüte, schwarze Früchte, rotes Laub*
_ *wächst langsam, wenig Schnittarbeit*

Die Apfelbeere oder Aronia wächst fast überall, auch in Staudenpflanzungen. Wer die Früchte nutzen will, sollte sie zum Schutz vor Vögeln einnetzen. Sie ergeben, kurz aufgekocht und – zum Entfernen der Kerne – durchpassiert, sehr kräftige »Herrenmarmeladen«. Am besten nimmt man 1:1-Gelierzucker, milder schmecken Mischungen mit Birne, Apfel oder Pflaume.

Obstschnitt leicht gemacht

Obstbäume zu schneiden ist gar nicht so schwer. Wenn man sich einmal verschnitten hat, ist das Schlimmste, was passieren kann, eine etwas geringere Ernte im nächsten Jahr.

Säulenäpfel bilden Spaliere mit einem Abstand von 60 cm. Geschnitten werden nur die Seitentriebe, die länger als 20 cm wachsen. Man schneidet sie sauber direkt am Stamm ab. Wächst der Baum nach acht Jahren zu hoch hinaus, kürzt man die Spitze im August oberhalb eines tiefer gelegenen Seitentriebes ein.

Größer und breiter werden Apfelbäumchen auf schwach wachsender Unterlage mit Spindelerziehung, die sich leicht erlernen lässt. Stärkere Triebe schneidet man dabei nicht zurück, sondern man bindet sie mit Hilfe von Schnüren waagerecht oder beschwert sie mit Gewichten (Bild 1). So tragen sie mehr Früchte. Dasselbe Prinzip gilt auch für Birnen oder Kirschen.

Ältere Obstbäume beherbergen viele Gartenbewohner. Oft tragen sie sogar eine Kinderschaukel oder ein Baumhaus. Alle paar Jahre schneidet man altes, dicht verzweigtes Fruchtholz aus. Dafür lässt man jüngere, stammnah entspringende Zweige stehen. Die Wuchshöhe sollte man nur behutsam begrenzen. Nach dem Entfernen von Gipfeltrieben treibt der Baum stark aus, allerdings darf man in den Folgejahren von den zahlreichen rutenförmigen Neutrieben im Gipfelbereich nur wenige, seitlich wachsende belassen.

Für reiche Ernten: Obstgehölze schneiden

Blühende Obstgehölze sind genauso schön wie viele Ziersträucher und brauchen auch nicht wesentlich mehr Pflege. Schwach wachsende Formen wie die Säulen oder Spindeln müssen sogar kaum geschnitten werden.

Keine Angst vor Rebschnitt Der notwendige Rebschnitt ist ganz einfach: Man schneidet fast alles weg. Der Schnitt lässt sich leicht erlernen, zumal die wüchsigen Reben mögliche Schnittfehler schnell überwachsen. Im nächsten Jahr hat der Neuling wieder eine Chance, und spätestens im dritten Jahr gelingt der Schnitt ganz leicht. Wichtig ist es, junge Triebe aus dem Vorjahr, die in der Nähe des Stamms bzw. nah am Tragast entspringen, zu erhalten. Sie werden meist auf zwei Augen zurückgeschnitten. Aus diesen Augen treiben dann die bis 1,50 m langen Fruchtruten, an denen eine bis drei Trauben gebildet werden.

Holunder fruchtbar halten Den reichsten Fruchtertrag bringen im Vorjahr gewachsene, einjährige Triebe. Beim Winterschnitt bleiben fünf bis acht solcher Äste, die möglichst in Stammnähe entspringen, stehen. Alle anderen Äste, die im letzten Sommer getragen haben, werden abgeschnitten. Aus den Seitenknospen der einjährigen Triebe bilden sich dann im nächsten Sommer kurze Blatttriebe mit einer Blüten-»dolde« an der Spitze.

Selbstgemachter Hugo

½ l Wasser und 500 g Zucker aufkochen, 20 frische Holunderdolden zugeben, abkühlen, ein paar Tage in den Kühlschrank stellen, dann durch ein Sieb gießen und Saft von 2 Zitronen zufügen. Für einen »Hugo« mischt man trockenem Sekt mit Mineralwasser und füllt 2 cl Sirup auf. Nach Belieben Limetten, Minze und Eiswürfel zugeben (Bild 1).

Holunderblütensorbet

Ergänzt man die oben beschriebene, erkaltete Sirupmasse mit 200 ml Weißwein und einem Eiweiß und gibt das Ganze in eine Eismaschine, entsteht ein erfrischendes Sorbet (Bild 2) – das man als Eiskugel wiederum in ein Glas Sekt geben kann.

Traubenmarmelade

Traubenmarmelade, mit zuckerreduziertem Gelierzucker gekocht, sollte innerhalb von drei Monaten aufgebraucht werden. Dann wachsen im Inneren Kristalle aus Weinstein, die nach einem Jahr durchaus zentimetergroß werden können. Besser öfter neue Marmelade aus eingefrorenen Trauben kochen.

Holundermarmelade mit Zwetschge

Holundermarmelade schmeckt recht herb. Delikater wird es, wenn man die kernlose Holundermasse mit derselben Menge Birnen oder Zwetschgen mischt. Ich nehme immer Frühzwetschgen, für die es ohnehin kaum Verwertungsmöglichkeiten gibt.

Fruchtgenuss im Sommer & Winter

Am besten schmecken die süßen Früchte frisch vom Baum genascht. Oder sie wandern in Süßspeisen und Kuchen. Ernteschwemmen lassen sich am schnellsten durch Einfrieren beseitigen.

Für alle Fälle: Grütze, ein Allround-Rezept

Im Sommer kommen die Früchte frisch aus dem Garten, im Winter aus der Gefriertruhe. Je nach Geschmack lassen sich mehrere Sorten mischen. 750 g Früchte mit ¼ Liter Wasser aufkochen, durchpassieren. Mit 150 g Zucker aufkochen und mit 80 g Stärke (aufgerührt im 100 ml Wasser) binden, mit Zitronensaft oder Rum abschmecken. Gut schmecken Grützen mit einem hohen Anteil von Johannisbeeren, Himbeeren, Stachelbeeren oder auch Sauerkirschen. Trauben süßen das Ganze.

Leichte Himbeertorte

500 g Himbeeren mit 100 g Zucker bestreuen, 600 ml Sahne aufschlagen, 450 ml Vanillejoghurt und 12 Blatt aufgelöste Gelatine dazugeben, dann die Himbeeren unterheben. Auf einen Bisquitboden geben, erkalten lassen und mit Tortenguss bedecken.

Adressen, die Ihnen weiterhelfen

Saatgut

Jelitto Staudensamen GmbH
Am Toggraben 3
29685 Schwarmstedt
Tel. 05071/ 982927
www.jelitto.com
(z.T. biologisches Saatgut)

Dreschflegel GbR
In der Aue 31
37213 Witzenhausen
Tel. 05542/ 502744
www.dreschflegel-saatgut.de
(biologische Saatzucht)

Gärtner Pötschke
Beuthener Str. 4
41564 Kaarst
Tel. 01805/ 861100
www.poetschke.de/

Bruno Nebelung
Freckenhorster Str. 32
48351 Everswinkel
Tel. 02582/ 6700
www.nebelung.de

Sperli-Samen
Freckenhorster Str. 32
48351 Everswinkel
Tel. 02582/ 670 - 900
www.sperli.de

Bingenheimer Saatgut AG
Kronstr. 24
61209 Echzell-Bingenheim
Tel. 06035/ 1899 - 0
www.bingenheimersaatgut.de
(biologische Saatzucht)

grünerTiger
Fallerstr. 18
82433 Bad Kohlgrub
Tel. 08845/ 7579988
www.gruenertiger.de
(Wildpflanzensaatgut)

Gaby Krautkrämer
Wiengartenstr. 58
97252 Frickenhausen
am Main
Tel. 09331/ 9894200
www.bio-saatgut.de
(biologisches Saatgut)

Pflanzen

Gärtnerei helenion
(+ Versand)
Kleine Str. 2a
17291 Grünow
Tel. 039857/ 39859
www.helenion.de

Ulla Hasbach (+ Versand)
Seeblick 7
24860 Klappholz-
Westscheide
Tel. 04603/ 964666
www.kraeuter-hasbach.de
(Bioland-Anbau)

Kräuter Simon (+ Versand)
Strengweg 1, Efkebüll
25842 Langenhorn-Efkebüll
Tel. 04672/ 776799
www.kraeuter-simon.de
(Bioland-Anbau)

Kräuterei (+ Versand)
Alexanderstr. 29
26121 Oldenburg
Tel. 0441/ 882368
www.kraeuterei.de
(Bioland-Anbau)

Rühlemanns (+ Versand)
Auf dem Berg 2
27367 Horstedt
Tel. 04288/ 928558
www.ruehlemanns.de

herb's (+ Versand)
Herbert Vinken
Stedinger Weg 16
27801 Dötlingen-Nuttel
Tel. 04432/ 94003
www.herb-s.de
(Bioland-Anbau)

Gärtnerei Familie Rasche
Ortsweg 30
32120 Hiddenhausen
Tel. 05221/ 276703
www.gaertnerei-rasche.de
(Bioland-Anbau)

Kräutergärtnerei Thees GbR
Am Buschhof 42
47877 Willich
Tel. 02156/ 492939
www.bio-thees.de
(Bioland-Anbau)

Wildstauden Strickler
(+ Versand)
Lochgasse 1
55232 Alzey-Heimersheim
Tel. 06731/ 3831
www.gaertnerei-strickler.de
(Bioland-Anbau)

Wittgensteiner Staudengarten
Stedenhofstr. 41
57319 Bad Berleburg
Tel. 02755/ 224384
www.wittgensteinerstauden-
garten.de
(Bioland-Anbau)

Schwegler Vogel- und
Naturschutzprodukte GmbH
Heinkelstr. 35
73614 Schorndorf
Tel. 07181/ 977450
www.schwegler-natur.de

waschbär Öko-Versand
Wöhlerstr. 4
79108 Freiburg
0180/ 5395656
www.waschbaer.de
(Bioland Sortiments-Pakete)

Hof Berggarten
(+ Versand)
Lindenweg 17
79737 Herrischried
Tel. 07764/ 239
www.hof-berggarten.de
(Bioland-Anbau)

Die Blumenschule
(+ Versand)
Augsburger Str. 62
86956 Schongau
Tel. 08861/ 7373
www.blumenschule.de
(Naturland-Anbau)

Christian Herb (+ Versand)
Heiligkreuzerstr. 70 D
87439 Kempten
Tel. 0831/ 93331
www.bio-kraeuter.de
(Naturland-Anbau)

Allgäu-Stauden (+ Versand)
Schmidsfelden 6
88299 Leutkirch
Tel. 07567/ 9887404
www.allgaeustauden.de
(Bioland-Anbau)

Ökohum GmbH
Obere Bergenstr. 8
88518 Herbertingen
Tel. 07586/ 9212 - 0
www.ökohum.info

Stauden Gaissmayer
(+ Versand)
Jungviehweide 3
89257 Illertissen
Tel. 07303/ 7258
www.gaissmayer.de
(Bioland-Anbau)

Treml's Raritäten (+ Versand)
Eckerstr. 32
93471 Arnbruck
Tel. 09945/ 905100
www.pflanzentreml.de

Wolfgang Nixdorfs Gemüse-
garten Versandhandel
97922 Lauda-Königshofen
www.garten-wn.de

Kräutergarten Storch
Blumenstraße 25
99092 Erfurt
Tel. 0361/ 2258514
www.kraeutergarten-storch.
de/
(Bio-Anbau)

Niederlande

Kwekerij Bastin
NL 6336 XV Aalbeek
(Hulsberg, Nuth)
Limburg, Nederland
www.bastin.nl

Österreich:

Gartenbau Wagner
(+ Versand)
Gutendorf 36
A 8353 Kapfenstein
Tel. 0043/ 3157/ 2395
www.gartenbauwagner.at
(BIOS-Anbau)

Schweiz:

Gartenbau Neubauer
(+ Versand)
Lenzenhausstr. 9
CH 8586 Erlen
Tel. 0041/ 071/ 6481332
www.neubauer.ch
(Biosuisse-Anbau)

Vlies, Bio-Erden, Organische Dünger, Biologischer Pflanzenschutz

Organische Dünger, Hochbeete über:

Waschbär Öko-Versand
www.waschbaer.de

Bioland Hof Jeebel
(+ Versand)
www.biogartenversand.de

Nützlinge über:
re-natur (+ Versand)
www.re-natur.de

Stichwortverzeichnis

Bildnachweis

Über die Autorin

Marianne Scheu-Helgert, gelernte Zierpflanzen-Gärtnerin und Gartenbauwissenschaftlerin, arbeitet an der Bayerischen Landesanstalt für Weinbau und Gartenbau in Veitshöchheim. Dort betreut sie verschiedene Projekte für das Freizeit-Gärtnern.

Die begeisterte Gärtnerin ist Expertin für Bio-Gemüseanbau und beschäftigt sich vor allem mit der Bodenpflege und Düngung, weitere Schwerpunkte sind Kräuter, Stauden und Beerenobst. In ihren zahlreichen Veröffentlichungen gibt sie ihr vielseitiges Wissen praxisnah weiter.

Impressum

Bibliografische Information der Deutsche Nationalbibliothek

Die Deutsche Nationalbibliothek verzeichnet diese Publikation in der Deutschen Nationalbibliografie; detaillierte bibliografische Daten sind im Internet über http://dnb.d-nb.de abrufbar.

BLV Buchverlag
GmbH & Co.g

80797 München

© 2013 BLV Buchverlag GmbH & Co. KG, München

Umschlagkonzeption: Kochan & Partner, München
Umschlagfotos: Eising Studio - Food Photo & Video/ StockFood GmbH (vorne); Strauß (hinten links); Flora Press Botanical Images (hinten Mitte); Flora Press / Christine Ann Föll (hinten rechts)

Programmleitung Garten: Dr. Thomas Hagen
Lektorat: Rita Meixner, Kullmann & Partner GbR, Stuttgart

Layoutkonzeption Innenteil: Kochan & Partner, München
Herstellung: Hermann Maxant
Satz: agentur walter, Gundelfingen

Gedruckt auf chlorfrei gebleichtem Papier

Printed in Germany

ISBN 978-3-8354-1199-9

Hinweis
Das vorliegende Buch wurde sorgfältig erarbeitet. Dennoch erfolgen alle Angaben ohne Gewähr. Weder Autor noch Verlag können für eventuelle Nachteile oder Schäden, die aus den im Buch vorgestellten Informationen resultieren, eine Haftung übernehmen.

Jetzt ganz einfach zum Erfolg: lesen, loslegen, ernten!

LESEN, LOSLEGEN, ERNTEN!

Obst

Das Grüner-Daumen-Konzept

HANS-WERNER OLLIG

blv

Hans-Werner Ollig
Obst
Das neue Konzept: junges Gärtnern für Einsteiger · Für Garten-Neulinge, Urban Gardener, Web-User, Selbstversorger, Ausprobierer, Bio-Fans · Das Grüner-Daumen-Konzept: die besten Obstarten speziell für Anfänger – von Apfel bis Erdbeere · Top-Sorten, Anbau, Pflege, Ernte, Verwertung · Plakative Fotos, kompakte Texte, Info-Kästen und magazinartige Optik.
ISBN 978-3-8354-1191-3

www.blv.de